Sébastien HENRY

Ces décideurs qui méditent et s'engagent

Un pont entre sagesse et business

Préfaces de
Matthieu Ricard
Thierry Marx

DUNOD

Du même auteur

Quand les décideurs s'inspirent des moines, 9 principes pour donner du sens à votre action, Dunod, 2012.

Méditez au cœur de l'action, Le cahier d'accompagnement, ESF, 2013.

EQ and Leadership in Asia, Using Emotional Intelligence to Lead and Inspire Your People, Wiley and Sons, 2011.

Photo de couverture : Maria Vasquez - Fotolia.com

Illustrations : Rachid Maraï

11 rue Paul Bert, 92240 Malakoff
www.dunod.com
ISBN 978-2-10-070111-7

TABLE DES MATIÈRES

PRÉFACE

Matthieu Ricard

Comment démystifier la méditation sans la vider de sa substance ? Comment l'enseigner et la pratiquer dans la vie ordinaire sans la priver de sa dimension spirituelle ? Comment l'utiliser pour fonder une sagesse et une éthique qui, tout en étant pragmatiques, ne manqueront pas de profondeur ? Voilà quelques-uns des défis que Sébastien Henry a cherché à relever dans son ouvrage *Un pont entre la sagesse et les affaires, ces décideurs qui méditent, agissent et changent le monde.*

Pour démystifier la méditation, il faut d'abord comprendre ce qu'elle est vraiment, à savoir un *entraînement de l'esprit*. Étymologiquement, les termes sanskrits et tibétains traduits en français par « méditation » sont, respectivement, *bhavana* et *gom*, qui signifient, pour le premier, *cultiver*, et pour le second, *se familiariser*. La méditation consiste à se familiariser avec une vision claire et juste des choses, et à cultiver des qualités qui restent latentes tant que nous ne faisons pas l'effort de les éveiller et de les développer.

Si nous observons attentivement notre situation actuelle, nous constaterons que notre mélange actuel de qualités et de défauts ne représente ni le meilleur état possible, ni une situation inéluctable. Mais nous avons toujours tendance à sous-estimer notre capacité de transformation. En fait, nos qualités et nos défauts perdurent tant que nous n'y faisons rien, tant que nous laissons nos tendances et nos réactions automatiques se perpétuer, voire se renforcer, pensée après pensée, jour après jour, année après année. Or, ils sont loin d'être immuables. Chacun d'entre nous dispose en lui du potentiel nécessaire pour s'affranchir des états mentaux qui produisent la souffrance et l'insatisfaction, à la fois chez lui et ceux qui l'entourent, et pour trouver davantage de paix intérieure tout en contribuant au bonheur d'autrui.

On entend souvent dire que la méditation est un exercice inutile, les expériences de la vie suffisant à former notre cerveau et nos comportements. Il ne fait pas de doute que c'est grâce à nos interactions avec le monde que la plupart de nos facultés se développent et s'affinent. Pourtant, il est possible de faire beaucoup mieux.

N'apprenons-nous pas à lire, à écrire, à jouer d'un instrument de musique ou à devenir expert dans certaines disciplines ? Par quel mystère en irait-il autrement quand il s'agit de rendre notre esprit capable de voir les choses telles qu'elles sont et de susciter le bonheur ? Notre esprit se comporte souvent comme un gamin qui passe continuellement de l'euphorie au désespoir, du calme à l'excitation ou de la bienveillance à l'agressivité. Ne serait-il pas souhaitable pour nous de comprendre et de maîtriser cet esprit auquel nous avons affaire du matin au soir, pour en faire ce que nous voulons, comme un bateau dont un marin chevronné tient la barre ?

Les recherches scientifiques dans le domaine de la neuroplasticité montrent que tout processus d'habituation induit des réorganisations fonctionnelles et structurelles importantes dans le cerveau. La méditation, en tant qu'entraînement, a ceci de différent qu'elle procède d'un effort volontaire et méthodique, inspiré par une motivation altruiste, alors que la plupart des transformations de notre cerveau résultent d'une exposition semi-passive aux fluctuations du monde extérieur et aux activités dans lesquelles nous nous trouvons engagés bon gré, mal gré.

Il existe de nombreux clichés sur la méditation. Elle ne vise, pourtant, ni à faire le vide dans son esprit en bloquant les pensées – ce qui est d'ailleurs impossible – ni à lancer l'esprit dans des cogitations sans fin pour analyser le passé ou anticiper l'avenir, ce qui a pour effet habituel d'exacerber nos espoirs et nos craintes.

Le but de la méditation n'est pas d'accroître la confusion mentale, le nombrilisme et le bavardage des neurones, mais au contraire de développer la sagesse, la lucidité, le discernement, la force et la paix intérieures, de même que l'ouverture aux autres. La méditation ne se réduit pas non plus à un simple processus de relaxation dans lequel les conflits intérieurs sont momentanément suspendus dans un calme béat, une sorte de répit dans la tempête. Il y a certes un élément de relaxation dans la méditation, mais il est dû au soulagement qui accompagne le lâcher prise sur les espoirs, les craintes, les attachements et les caprices de l'ego qui nourrissent nos conflits intérieurs. La méditation permet aussi d'acquérir une vision claire de ce qui compte vraiment dans l'existence.

La méditation doit, par ailleurs, s'accompagner d'une éthique. Comme d'autres outils, on peut l'utiliser à de bonnes ou de mauvaises fins, dans un but purement égoïste ou pour s'ouvrir aux autres, et favoriser ainsi l'harmonie et la collaboration.

Une entreprise dans laquelle règne l'harmonie a davantage de chances de prospérer. Comme le souligne Sébastien Henry : « La principale raison d'être de ce livre est d'inviter les décideurs à porter un nouveau regard sur la méditation, à la voir comme une discipline décisive pour développer un leadership vraiment inspirant. Une pratique qui peut leur apporter non seulement davantage de clarté, de paix intérieure et de sérénité, mais aussi les aider à diffuser plus de sens et de souffle dans leur équipe et leur organisation. »

DEVENIR DE MEILLEURS LEADERS EN APPRENANT À MIEUX SERVIR

Un bon dirigeant doit savoir servir la société, ceux qui travaillent avec lui, et son entreprise pour l'aider à prospérer. Il doit aussi, comme l'explique Sébastien Henry, entretenir une relation différente avec son moi.

Il est essentiel de distinguer confiance en soi et égocentrisme. Nous pensons souvent que celui qui possède un ego surdimensionné jouit par ailleurs d'une grande confiance en lui. Or, des études scientifiques ont montré que les gens trop pleins d'eux-mêmes sont en fait très vulnérables et dysfonctionnels. Ils déforment la réalité en exagérant les qualités et les capacités dont ils se croient dotés. Ils sont donc par nature fragiles, puisque la réalité se rappellera tôt ou tard à eux. La véritable confiance en soi va de pair avec le fait que notre moi n'est pas en permanence obsédé par la critique, la louange, le gain, la perte et toutes les autres situations sur lesquelles nous n'avons, en fin de compte, qu'un contrôle limité.

S'OUVRIR À SOI, S'OUVRIR AUX AUTRES

La méditation nous aide à développer en nous les ressources qui permettent de faire face aux circonstances toujours changeantes de l'existence. En étant ainsi moins affectés par les contrariétés de la vie quotidienne, nous cessons d'éprouver le sentiment d'insécurité qui nous pousse à nous renfermer sur nous-mêmes. Forts de cette confiance, nous sommes prêts à nous ouvrir aux autres et à être bienveillants à leur égard.

Le sentiment de connexion et d'appartenance à la communauté accroît également l'empathie et favorise les comportements fondés sur la confiance et la coopération. Nombreux sont ceux qui disent éprouver de la joie lorsqu'ils unissent leurs efforts en vue d'un but commun. Ils affirment même que ces moments de coopération sont ceux qu'ils apprécient le plus dans leur vie quotidienne.

Selon Richard Layard, professeur à la London School of Economics, la compétition n'est saine et utile qu'*entre* les entreprises. En revanche, à l'intérieur de l'entreprise, la coopération est un facteur de prospérité indispensable. Depuis quelque temps, on voit se répandre l'idée qu'il est souhaitable de promouvoir une compétition sans merci entre les employés d'une même firme. En réalité, cette compétition est nuisible, car elle détériore les rapports humains et les conditions de travail. Elle est en fin de compte contre-productive et diminue la prospérité de l'entreprise.

Les différentes recommandations de Sébastien Henry nous permettent de situer les événements de l'existence dans une perspective plus vaste, et de les vivre avec davantage de sérénité sans tomber dans l'indifférence ; d'accepter ce qui nous arrive sans pour autant nous résigner, et de construire le futur en l'étayant sur la bienveillance, à la fois envers soi-même et envers autrui. Grâce à l'entraînement de l'esprit qu'il nous propose, nous pouvons logiquement espérer voir poindre les signes d'une transformation personnelle authentique qui nous permettra de mieux agir sur le monde où nous vivons, et de contribuer à la construction d'une société plus sage et plus altruiste.

Matthieu Ricard
Moine bouddhiste

PRÉFACE

Thierry Marx

Le quotidien du dirigeant ou du manager est orienté vers l'action et l'avenir. Il faut sans cesse être en mouvement, particulièrement lorsque la création s'en mêle comme c'est le cas pour moi. Dans une époque où l'on confond souvent détermination et agressivité, je pensais que la méditation nécessitait une grande sagesse. Or il n'en est rien ! Bien au contraire, j'ai découvert qu'il est aisé de l'appliquer avec peu, au quotidien, juste pour se recentrer sur soi-même. Contre toute attente, la méditation ne compromet en rien la capacité que nous avons tous à agir. À force de la pratiquer, je suis même certain désormais qu'au contraire elle la fortifie dans sa différence. Mieux : elle prépare, en quelque sorte, aux efforts et à la concentration qu'une journée de travail exige. Et je ne parle pas des nuits d'insomnie parfois inévitables pour respecter ses commandes et ses engagements. La méditation, c'est évident, nous permet de réserver une énergie positive. Elle n'est pas négligeable dans la mesure où ensuite nos équipiers et collaborateurs en bénéficient. Alors comme vous, j'aime cette idée que la méditation, bien qu'individuelle, je dirais même intime, sert le collectif et l'innovation.

Je ne connaissais pas la méditation il y a quelques années, pour tout vous avouer je sentais un manque en moi. Aujourd'hui, sa pratique au quotidien m'apprend à vivre sans ennemis. Grâce à elle, je parviens à rester sur ma voie, entre ordre et désordre.

Apprendre la richesse de la tranquillité et de la solitude est crucial mais prend du temps... C'est passionnant, presque fondamental, de réaliser que nous foisonnons. Nous avons tant de possibles en nous ! J'aime amorcer mes moments de méditation par un long silence comparable à un ciel bleu et sans nuages. Tout ce temps suspendu où tout peut advenir favorise l'ouverture au monde...

C'est vrai, nous ne pouvons pas choisir qui nous sommes. En revanche, il est galvanisant d'avoir comme projet de s'améliorer : progresser, maîtriser le flux de la pensée, la rendre régulière comme le pas d'un montagnard... Il y a l'humilité aussi. Plus je progresse dans ma méditation, plus je me rends compte que sans certaines rencontres elle n'aurait pas été possible. Des maîtres j'en ai toujours eu, je leur exprime ma gratitude et leur rends hommage.

Thierry Marx
Chef cuisinier

Introduction

UN PONT ENTRE SAGESSE ET BUSINESS

La sagesse est un grand mot, inspirant, mais qui peut sembler éthéré, aussi délicat à saisir qu'un nuage. Il est temps de réapprendre à approcher la sagesse comme une pratique, un apprentissage concret visant à se connaître soi-même, agir avec justesse, et rester relié à l'essentiel au cœur de l'action.

Face aux enjeux des années et décennies à venir, le monde a besoin de décideurs qui prennent cet apprentissage au sérieux. La sagesse est certes un horizon, mais il est possible de s'en approcher. Alors se dessine chez les décideurs un second mouvement : l'incarnation de cette sagesse en actions, notamment par l'invention de nouveaux modes de business qui apportent une plus forte contribution au monde. L'engagement, chez des personnes orientées vers l'action, ne tarde pas à suivre un travail intérieur, comme la flèche finit par quitter l'arc qui se courbe.

Avec une pratique régulière arrive en effet un moment où poursuivre le *business as usual* n'est plus une option : un appel à un engagement essentiel se met à résonner avec intensité. Cela m'est arrivé alors que mon entreprise créée en Asie réussissait au-delà de mes espérances, et ce fut aussi le cas pour d'autres décideurs dont il est question dans ce livre.

Il est nécessaire de construire un pont entre la sagesse et les décideurs, qui rendra ce double mouvement – cultiver en soi la sagesse puis l'incarner en actions, un enchaînement qui a vocation à devenir un cycle – plus accessible à tous ceux qui exercent ce métier difficile et exigeant.

La méditation, une pratique simple et profonde, qui peut être appréhendée de façon entièrement laïque, constitue une part importante de ce pont.

Un livre de plus sur la méditation, donc ?

Il existe déjà tant de livres sur le sujet – dont certains sont très bons – qu'il ne semble pas nécessaire d'ajouter quoi que ce soit.

Pourtant, en rencontrant des centaines de décideurs, un fait m'a frappé : très peu d'entre eux avaient lu un de ces livres, et peu montraient un intérêt pour le sujet. Perçue comme abstraite et métaphysique, ou au mieux comme une simple technique de gestion du stress, la méditation semble éloignée des réalités quotidiennes de ceux qui doivent agir, prendre d'innombrables décisions et n'ont pas de temps à perdre à « ne rien faire ».

Cette distance entre les décideurs et la méditation fut d'autant plus frappante lorsque, sollicité pour un reportage à la télévision à mon retour en France après dix ans passés en Asie, je cherchais des décideurs pratiquant la méditation qui acceptent de témoigner. Non seulement ils furent difficiles à trouver, mais les convaincre de témoigner à l'écran se révéla encore plus ardu : tous ont refusé, sauf un.

Une telle perception de la méditation par les décideurs est à la fois déprimante et enthousiasmante.

Déprimante, car ils se privent d'une pratique qui peut non seulement leur apporter davantage de clarté, de paix intérieure et de sérénité, mais aussi les aider à développer un leadership inspirant, à donner davantage de souffle et de sens à leurs collaborateurs et à leur organisation. Elle invite aussi, après un certain temps de pratique, à repenser en profondeur son rôle de décideur et la contribution que l'on apporte à la société.

Enthousiasmante, car il y a là le signe d'un travail urgent à mener pour transformer cette perception, jusqu'à ce que la pratique de la méditation devienne une pièce maîtresse du pont entre la sagesse et les affaires. Un pont que les décideurs se sentiraient de plus en plus enclins à emprunter.

La principale raison d'être de ce livre est donc d'inviter les décideurs à porter un nouveau regard sur la méditation, à la voir comme une discipline décisive pour développer un leadership inspiré et inspirant dont leur organisation, et le monde, ont besoin.

La méditation n'est pas la seule pratique de sagesse, il y a beaucoup d'autres voies. J'ai rencontré dans ma carrière plusieurs décideurs admirables qui n'avaient pas le moindre intérêt pour la méditation. Mais c'est une pratique simple et concrète que les décideurs, une fois convaincus, peuvent facilement intégrer dans leur vie quotidienne.

La plupart des livres sur la méditation ne sont pas écrits par des décideurs qui ont une expérience en entreprise. Ils ont l'avantage d'apporter un regard neuf, mais ils ne parviennent pas à suffisamment prendre en compte les spécificités de ce métier, avec un langage qui parle aux décideurs.

Les décideurs sont certes des hommes et des femmes comme les autres, mais leurs responsabilités et les défis qu'ils doivent relever requièrent une approche de la méditation adaptée à leurs besoins. Par exemple, l'invitation à « lâcher prise », qui accompagne une pratique régulière de la méditation, ne peut être accueillie de la même façon par ceux pour qui atteindre les objectifs fixés constitue une obligation professionnelle quotidienne.

L'explication de ce qu'est la méditation et la manière de la pratiquer étant déjà largement traitées, ces questions ne seront pas abordées ici. En revanche, la présentation des différentes étapes auxquelles les décideurs qui commencent à méditer peuvent s'attendre me paraît essentielle.

Dans ce projet, ma propre expérience n'était pas suffisante, c'est pourquoi j'ai rencontré 60 décideurs de 15 nationalités différentes, qui ont tous une pratique régulière de la méditation. Chaque rencontre fut l'occasion de revenir sur leur parcours intérieur et l'influence de leur pratique sur leur leadership.

Beaucoup de temps de pratique vous seront proposés, mais ils sont conçus pour ceux qui ont déjà une première expérience. Si vous débutez, vous trouverez, à la fin, des références de livres et de CD qui vous aideront dans cette démarche.

La méditation est présentée ici d'un point de vue laïque. Même si beaucoup de techniques ont une origine bouddhiste, la méditation ne requiert aucune croyance religieuse particulière. Dans le panel des décideurs interrogés, les croyances religieuses sont variées : athées, agnostiques, pratiquants (chrétiens, musulmans, bouddhistes), ou croyants mais non pratiquants.

Toutefois, insister sur le caractère laïque de la méditation ne signifie pas l'amputer de sa dimension la plus profonde. Bien que certains préfèrent éviter d'utiliser le terme de spiritualité dans un contexte professionnel (le fameux *S-word* !), cela aurait pour moi consisté à offrir un bouquet de fleurs dont seules les tiges auraient été conservées. La méditation propose un parcours spirituel à ceux qui le souhaitent et peut les amener à ouvrir leur cœur, repositionner leur ego, et mener leurs affaires autrement, pour enfin avoir la sensation d'être pleinement eux-mêmes. L'encouragement d'auditeurs lors de mes conférences, touchés par ces mots qu'ils aspiraient depuis longtemps à entendre dans un contexte professionnel, m'a conforté dans cette approche.

Enfin, ce livre présente à la fois une synthèse des travaux scientifiques sur la méditation (issus des neurosciences notamment) et les avancées les plus récentes. Loin d'en être moi-même un expert, et développant une certaine résistance à être *neuro-washed* – c'est-à-dire noyé sous des affirmations neuroscientifiques de valeur inégale – je me suis tourné vers un expert. Pierre-Gilles Henry, docteur en neurosciences et professeur à l'Université du Minnesota, en plus d'être très qualifié pour mettre des rats, des étudiants et des collègues dans des immenses machines à résonance magnétique afin d'observer leur cerveau, pratique la méditation assidûment depuis plusieurs années. Il avait donc le profil idéal pour prendre en charge les parties relatives aux travaux scientifiques sur la méditation. Sa collaboration s'est finalement étendue à la relecture attentive de l'ensemble du livre, je tiens donc à le remercier chaleureusement pour son travail et sa présence.

Je souhaite également vivement remercier mon épouse pour ses encouragements et son soutien. Source continue d'inspiration par sa joie et sa capacité à aimer, je suis reconnaissant d'avoir la chance de pouvoir cheminer dans la vie à ses côtés. Nous formons une équipe, et grâce à sa connaissance de l'entreprise et du management, ses conseils furent précieux pour la réalisation de ce livre.

Mes remerciements vont aussi à :

- Marianne Leenart pour la qualité du travail de recherche qu'elle a effectué et le rayonnement de son sourire. Elle incarne la joie et l'efficacité plus encore qu'elle n'en parle (la tendance générale étant plutôt l'inverse).

- Matthieu Ricard et Thierry Marx d'avoir accepté avec chaleur d'écrire une préface pour ce livre malgré leurs nombreuses sollicitations.
- Michel Bon pour son soutien et ses encouragements.
- Chloé Schiltz, des éditions Dunod, pour son formidable travail sur le texte, ainsi qu'Odile Marion et Jean Henriet, qui m'ont fait confiance dès le début du projet.
- David Attali, Yoshida-san et Shimazu-san, Mariann Johnson, Rasmus Hougaard, Zhang Jiawei et Chen Xi, qui m'ont aidé avec générosité à trouver les candidats pour les entretiens de préparation, respectivement à Hong Kong, Tokyo, Minneapolis, Copenhague et Shanghai.
- Philippe Couture, pour sa vision du monde et son soutien qui inclut sa capacité à secouer mes pensées établies.
- Diane Wilcoxson, pour sa présence inspirante au cours des dix dernières années.
- Frère Nathanaël, de l'abbaye de Tamié, mon « business moine » favori, que j'aurais aimé avoir comme collègue au cours de ma carrière en entreprise.
- Benoit Foucher, pour son enthousiasme communicatif à suivre la voie du cœur.
- Sanjeev Rao et Xavier Bertrand pour leur amitié si précieuse.
- Isabelle Hennebelle, de *L'Express*, et Corinne Moriou, de *L'Entreprise*, pour leur intérêt pour mon travail et leur formidable action pour réconcilier business et sens.
- Henri-Claude de Bettignies, Laurent Ledoux, Emmanuel de Lutzel, Jean de Limé et Christophe De La Chaise pour leur soutien attentif et chaleureux.

- Arnaud Desjardins et Thich Naht Hanh, pour leur enseignement si riche.
- Sabine, pour son accueil chaleureux et discret dans son café, devenu pendant plusieurs mois mon second bureau.

Un grand merci ensuite à :

- Christophe André, Fabrice Midal, Henri Lachmann, Janice Marturano, Mandar Apte, Tristan Lecomte, et Steven Snyder, dont les éclairages m'ont beaucoup aidé.
- Tous les décideurs qui m'ont accordé leur temps au cours de mes recherches et qui ont préféré rester anonymes.

Merci enfin à mes parents d'avoir semé des graines de sagesse tout au long de mon enfance. Certaines n'ont jamais poussé, et d'autres ont donné des fruits peut-être différents de ceux qu'ils attendaient, mais je leur dois le goût de chercher à vivre relié à « plus grand que moi » au cœur de l'action.

RÉSUMÉ DES CHAPITRES

CHAPITRE 1 : PLUS QU'UN EFFET DE MODE, UN PONT ENTRE SAGESSE ET BUSINESS QUI PREND FORME ?

De plus en plus de signes indiquent que la pratique de la méditation prend place dans l'entreprise à l'échelle mondiale.

Simple effet de mode ? Il semblerait plutôt s'agir d'un mouvement fondamental répondant à un déficit de sens et de sérénité perçu par une part croissante de décideurs. Les avancées de la recherche scientifique sur les effets de la méditation renforcent encore ce mouvement.

Afin d'apporter un éclairage supplémentaire, ce livre s'appuie sur des entretiens avec 60 décideurs à travers le monde qui pratiquent régulièrement la méditation.

CHAPITRE 2 : UNE PRATIQUE SIMPLE ET PROFONDE, ABORDABLE DE FAÇON LAÏQUE

La méditation n'est pas ce que beaucoup de décideurs imaginent. C'est une pratique simple et concrète, qui peut les aider dans leur rôle au quotidien.

Plus profonde qu'une simple technique de relaxation ou de gestion du stress – comme elle est parfois présentée –, la méditation peut être abordée de manière laïque et ouvrir, pour ceux qui le souhaitent, un cheminement de nature spirituelle.

Face aux réticences qui persistent quant à la diffusion de la méditation dans le monde de l'entreprise, dénonçant le risque de la dénaturer et de la mettre au service exclusif de la productivité et des profits, le témoignage de décideurs engagés dans une pratique régulière est rassurant.

CHAPITRE 3 : QUAND LES DÉCIDEURS RENCONTRENT LA MÉDITATION : ENTRE ENTHOUSIASME ET FRUSTRATION

Les décideurs qui découvrent la méditation peuvent éprouver un mélange d'enthousiasme et de frustration. Souvent orientés vers l'action, ils veulent ressentir les bienfaits de leur pratique aussi vite que possible.

Une période de pratique relativement courte permet certes à ceux qui veillent à la qualité de leur leadership d'en mesurer les effets : une connaissance de soi plus fine, davantage de concentration, une plus grande liberté vis-à-vis des réactions émotionnelles et des moments de régénération au milieu de journées chargées. Cependant, pour échapper à des débuts frustrants, il est nécessaire de prendre conscience que la méditation n'est pas une activité habituelle dans laquelle il faut viser à obtenir des résultats. Accepter ce paradoxe est la clef d'une pratique sereine qui ne se transforme pas en combat contre soi-même.

CHAPITRE 4 : DE LA PRATIQUE RÉGULIÈRE AU LEADERSHIP INSPIRANT

En passant d'une pratique occasionnelle à une pratique régulière, les décideurs peuvent s'attendre à développer un leadership inspirant pour leurs collaborateurs : une présence sereine, plus d'empathie, le courage de prendre des décisions délicates sans tarder, plus de clarté et de justesse, et une créativité renforcée.

Passer à une pratique régulière exige toutefois discipline et détermination, qui doivent s'accompagner d'une acceptation de soi lorsque ces qualités font défaut.

De même, les décideurs qui parviennent à pratiquer régulièrement doivent être vigilants à ne pas s'en satisfaire, au risque d'être bloqués dans leur progression vers ce que la méditation a de plus riche.

CHAPITRE 5 : UNE TRANSFORMATION INTÉRIEURE QUI INVITE À REPENSER SON RÔLE DE DÉCIDEUR

Après un certain temps de pratique, parler de bénéfices de la méditation ne paraît plus tout à fait approprié : une transformation intérieure est engagée, qui appelle à l'essentiel.

Pour les décideurs qui le souhaitent, la pratique de la méditation invite à une ouverture du cœur et à un ajustement de la place que prend l'ego dans leur mission.

Elle amène ainsi à repenser son rôle de décideur, ses priorités et sa vision, et s'accompagne d'un sentiment de se retrouver, de devenir pleinement soi-même.

CHAPITRE 6 : DES CARRIÈRES QUI TRADUISENT UN ENGAGEMENT ET FONT ÉVOLUER LE MONDE DE L'ENTREPRISE

La variété des expériences vécues par les décideurs qui méditent se traduit par diverses influences sur leur carrière, mais une forme d'engagement vers une autre pratique du business est souvent présente.

Certains poursuivent leur carrière dans la même organisation et restent discrets sur leur pratique personnelle ou, à l'inverse, prennent des initiatives pour transmettre à leur équipe ou à l'ensemble de leur organisation les bénéfices de leur pratique.

D'autres ajustent leur carrière, voire changent complètement de voie, de façon à être plus en phase avec les valeurs ou les priorités qui se sont renforcées au cours de leur pratique. Apporter une plus grande contribution à la société et trouver plus de sens sont quelques-unes des motivations essentielles qui peuvent émerger.

CHAPITRE 7 : VERS UN SEUIL CRITIQUE DE DÉCIDEURS CONSCIENTS ET ENGAGÉS QUI RÉPONDENT AUX DÉFIS DU MONDE

Les décideurs, en raison de leurs talents et de leur énergie, et par le pouvoir dont ils disposent, ont une responsabilité particulière dans la réponse à donner aux défis urgents de nos sociétés.

Au même titre que d'autres pratiques de sagesse, la méditation ne se traduit pas automatiquement par un engagement accru. Mais plus le nombre de décideurs qui pratiquent sera grand, plus les chances augmentent de se rapprocher d'un seuil critique de décideurs qui donnent une impulsion décisive pour inventer de nouveaux modes de business.

Ce seuil ne sera pas atteint sans un effort considérable pour que les institutions qui forment les décideurs favorisent le saut de conscience aujourd'hui indispensable. En parallèle, de nouvelles institutions s'avèrent aussi nécessaires pour soutenir les décideurs qui s'engagent sur une voie de sagesse incarnée dans l'action.

1

PLUS QU'UN EFFET DE MODE, UN PONT ENTRE SAGESSE ET BUSINESS QUI PREND FORME ?

« La révolution de la *mindfulness* n'est pas aussi spectaculaire que la mission sur la Lune ou le mouvement pour l'égalité des droits (*civil rights*), mais je crois qu'à long terme elle peut avoir autant d'impact. »

Tim Ryan[1]

Davos, 21 janvier 2013. Comme chaque année, des centaines de dirigeants se rassemblent dans la station suisse pour parler des enjeux mondiaux et enrichir leurs réseaux. L'attractivité du Forum Économique Mondial est en effet très liée à sa capacité à faciliter les connexions de haut niveau. Mais pour la première fois cette année, les dirigeants sont invités à s'essayer à une forme particulière de connexion : une connexion avec eux-mêmes au cours d'une session de « *Mindful Leadership Experience* », qui présente aux participants les bases de la *mindfulness* et les dernières avancées des neurosciences.

1. Membre du Congrès des États-Unis (*Congressman*), auteur de *A Mindful Nation*. Voir présentation de son action plus loin dans ce chapitre.

La méditation vient d'entrer dans l'un des lieux de pouvoir les plus prestigieux.[1]

Alors que cette session est facultative, la salle est pleine. L'enthousiasme des participants dépasse les espérances des facilitateurs, dont Janice Marturano qui occupait la fonction de directeur juridique adjoint (*Vice General Counsel*) chez General Mills avant de fonder l'Institute for Mindful Leadership[2].

Une telle initiative aurait été impensable il y a seulement quelques années, quand la méditation était hautement suspecte dans le monde de l'entreprise, considérée au mieux comme une perte de temps, au pire comme une pratique pour ceux qui n'ont pas les pieds sur terre et fuient la réalité.

Quelques semaines après le Forum Économique Mondial, se tient à San Francisco la conférence « Wisdom 2.0 », pendant laquelle les dirigeants de certaines des sociétés les plus prestigieuses de la high-tech ou de l'Internet (Google, Ebay, Facebook, LinkedIn, Cisco) sont venus partager leur expérience et la manière dont ils introduisent la sagesse dans leur

---

1. Dans le monde de l'entreprise, le mot *mindfulness* (qui peut-être traduit par pleine conscience ou laissé en anglais, ce qui se pratique de plus en plus) est fréquemment utilisé plutôt que le mot méditation, ce qui fut le cas au Forum Économique Mondial. Bien que ces deux concepts ne puissent être confondus, ils indiquent des pratiques très similaires, comme cela sera expliqué dans le prochain chapitre. J'expliquerai aussi pourquoi j'ai choisi d'utiliser dans ce livre le mot méditation plutôt que *mindfulness* ou pleine conscience.
2. Peu connue du grand public en France sous ce nom, General Mills est présente dans la plupart des foyers grâce à ses dizaines de marques, dont Häagen-Dazs, Yoplait ou Cheerios. Sur le parcours très intéressant de J. Marturano, voir l'article « Is Mindfulness Good for Business ? », de Jeremy Hunter, professeur à la Peter Drucker Graduate School of Management, téléchargeable sur son site, ainsi que des fichiers audios de méditations guidées (*www.jeremyhunter.net/resources*).

conduite des affaires ; un défi rendu plus délicat encore, à l'ère digitale, par la multiplication des flux d'information.[1] Des dirigeants de l'« ancienne économie » sont aussi présents, comme Bill Ford, PDG de la société créée par son arrière-grand-père. Celui-ci est interrogé par Jack Kornfield, un des instructeurs de méditation les plus renommés aux États-Unis, devant près de 1 000 personnes[2]. Lorsque Bill Ford parle de sa pratique de la méditation au moment où sa société traversait une grave crise, à plusieurs reprises, une partie du public se lève pour applaudir. Il y a de l'émotion dans l'air !

Ces deux conférences sont le signe que nous pourrions bien être à un tournant : la méditation semble de moins en moins taboue en entreprise.

Cette évolution dépasse le seul cercle des affaires, particulièrement aux États-Unis. Celui-ci semble même plutôt en retard, comme le monde politique. En effet, dans la plupart des champs professionnels, la pratique de la méditation devient de plus en plus courante : elle est proposée au personnel soignant et aux patients dans des centaines d'hôpitaux, dans des écoles, des universités, des prisons, des quartiers en difficultés, et même dans l'armée. Un panorama passionnant des initiatives menées en milieu professionnel est proposé dans *Contemplation Nation*[3]

1. Le sous-titre de cette conférence annuelle est « La sagesse à l'ère digitale ». Alors qu'il n'y avait que quelques centaines de participants lors de la première édition il y a 4 ans, elle a réuni 2 000 participants en 2013.
2. Plusieurs de ses livres sont traduits en français, dont le fameux *Après l'extase, la lessive*, qui invite les pratiquants de la méditation à garder les pieds sur terre et à pleinement ancrer leur pratique dans leur quotidien.
3. *Contemplation Nation. How Ancient Practices are Changing the Way We Live*, sous la direction de Mirabai Bush, Fetzer Institute, 2011.

et *The Mindfulness Revolution*[1], malheureusement non traduits en français.

Ce chapitre met l'accent sur la diffusion de la méditation dans les entreprises, les universités, les écoles de commerce et le monde politique.

LA MÉDITATION DANS LES ENTREPRISES

Google a lancé en 2012 un signal fort, avec la publication par Chade-Meng Tan de son livre *Search Inside Yourself*[2]. Combinant le souci du concret et un grand sens de l'humour, cet ingénieur décrit son propre parcours au sein de Google, ainsi que le programme qu'il y a monté en 2006 après avoir rejoint l'équipe des RH. Ce programme, qui donne son titre au livre, invite les collaborateurs de Google à développer leur intelligence émotionnelle et fait une large place à la pratique de la méditation. Développé par Meng avec le soutien de différents experts comme Miramai Bush (*mindfulness*) et Dan Goleman (intelligence émotionnelle), il est *opt-in*, c'est-à-dire que seuls les collaborateurs qui le souhaitent y participent. Dans ses exercices, Cheng parvient adroitement à combiner la profondeur des enseignements de maîtres de sagesse (comme la pratique de Tong Len, une forme de développement de la compassion issue du bouddhisme tibétain) avec une prise en compte concrète

1. *The Mindfulness Revolution : Leading Psychologists, Scientists, Artists, and Meditation Teachers on the Power of Mindfulness in Daily Life*, sous la direction de Barry Boyce, Shambala Editions, 2011.
2. *Search Inside Yourself : The Unexpected Path to Achieving Success, Happiness (and World Peace)* de Chade-Meng Tan. Traduit en français sous le titre : *Connectez-vous à vous-même : une nouvelle voie vers le succès, le bonheur (et la paix dans le monde)*, Belfond, 2014.

des bénéfices pour les collaborateurs et pour l'entreprise (créativité et productivité, notamment).[1]

Il s'agit là d'un tournant, pour plusieurs raisons. C'est – à ma connaissance – la première fois qu'une entreprise aussi prestigieuse, qui continue de dominer le classement établi par *Fortune* des « *Best companies to work for* »,[2] intègre de façon explicite les notions de méditation et pratique contemplative dans son cursus de formation, ainsi que d'autres termes peu communs en entreprise comme compassion, paix intérieure et joie.

Auparavant, ces mots étaient peu employés et la pratique de la méditation, quand elle était présente dans les plans de formation, était reléguée aux programmes de gestion du stress, parfois sous d'autres noms. Cette prudence était certainement une étape nécessaire, mais réduisait la méditation à une technique de gestion de stress.

Il serait tentant d'écarter l'exemple de Google comme peu représentatif, cette entreprise ayant développé une culture très particulière. Pourtant Google n'est pas un cas isolé, beaucoup d'autres initiatives intéressantes indiquent que la pratique de la méditation se développe en entreprise.

Des dirigeants n'hésitent plus à en recommander la pratique dans une perspective de développement du leadership. Bill George, par exemple, qui a été PDG de Medtronics pendant

1. Créativité et productivité figuraient dans le sous-titre de la première édition (« Increase Productivity, Creativity and Happiness ») mais ont disparu depuis. Les bénéfices du programme pour les collaborateurs et l'entreprise restent toutefois une préoccupation constante dans le livre.
2. Pour le classement 2013, voir *http://money.cnn.com/magazines/fortune/best-companies/*.

dix ans avec des résultats spectaculaires[1] et qui est maintenant professeur de leadership à la Harvard Business School, a récemment écrit un article intitulé « Mindful Leadership : la compassion, la contemplation et la méditation contribuent à former des leaders efficaces » dans la *European Financial Review* (une revue qui n'est probablement pas la lecture favorite des hippies contemporains !)[2].

Plus généralement, il devient courant, notamment dans la presse anglo-saxonne, que des dirigeants s'expriment sur leur pratique. Récemment, Ray Dalio, fondateur de Bridgewater, un des plus grands fonds d'investissement du monde, et Lord Myners, ancien président de Marks and Spencer, ont accepté d'être cités dans un article sur la méditation du *Financial Times*[3].

La liste des entreprises qui ont introduit la méditation dans leurs programmes de formation s'agrandit régulièrement. En France, la presse en donne de plus en plus d'exemples. Malheureusement, peu de détails sont fournis sur les programmes en question (méthodologie, durée, business units concernées, etc.) et certains managers ou dirigeants au sein même de ces entreprises n'en ont pas entendu parler. Cela ne signifie pas nécessairement que les sources de ces articles ne sont pas fiables : il est possible par exemple que la méditation ait été introduite par un

---

1. Medtronics a multiplié son chiffre d'affaires par 5 entre 2001 et 2011, la période ou B. George était PDG, passant de 1 milliard de dollars à 5,6 milliards. Sa capitalisation boursière est passée de 3,6 à 60 milliards de dollars. Source : *Authentic Leadership : Rediscovering the Secrets to Creating Lasting Value*, Bill George, Jossey-Bass, 2003, location 2068-2072.
2. Bill George, *Mindful Leadership : Compassion, contemplation and meditation develop effective leaders*, European Financial Review, 16 octobre 2010.
3. John Paul Rathbone, « Zen and the Art of Management », *Financial Times*, 16 septembre 2013.

manager dans une business unit dans un pays particulier sans concertation ou validation par les équipes du siège (certaines entreprises laissent beaucoup d'indépendance à leurs managers pour la mise en place de programmes de formation).

Dans ce livre, les expériences présentées ont fait l'objet d'entretiens soit avec des concepteurs du programme, soit avec des participants. Deux exemples venant de Scandinavie (Carlsberg et IF Insurance, la plus grande société d'assurance de Scandinavie) sont particulièrement intéressants, pour plusieurs raisons :

- ces entreprises ont impliqué un nombre important de collaborateurs (166 collaborateurs du département IT dans le premier cas, 35 managers du département Industrie dans le second), par groupes de 10 ou 15, sur une base entièrement volontaire ;
- les programmes, centrés sur la pratique de la *mindfulness*, se sont déroulés sur 3 mois environ, à raison d'une courte session par semaine ;
- ils ont été évalués de façon indépendante[1].

Une telle rigueur reste assez rare, la plupart des initiatives consistant à introduire de courts modules de méditation dans des programmes plus généraux, sans suivi ni évaluation. Toutefois, c'est déjà une avancée considérable au regard du passé.

1. Respectivement par le professeur Jochen Reb de Cambridge University Business School, et par Health Group, un consultant indépendant. Pour plus de détails sur ces deux programmes, voir *http://www.potentialproject.com/corporate-based-mindfulness-training/showcases.html*. Un autre programme qui a une solide réputation est celui qui est conduit depuis plusieurs années chez Genentech, baptisé Personal Excellence Program (PEP). Je n'ai pas mené de recherche approfondie sur ce programme mais des détails peuvent être trouvés sur ce blog de la *Harvard Business Review* : *http://blogs.hbr.org/2011/12/developing-mindful-leaders/*.

Si les entreprises dans lesquelles de tels développements ne sont pas du tout envisagés (et dans lesquelles il serait même malvenu de les suggérer) sont bien sûr majoritaires, il est possible de voir ces quelques exemples comme les prémices d'un changement que d'autres s'apprêtent à suivre ; d'autant plus que les écoles formant les décideurs en entreprise font elles aussi une place grandissante à la pratique de la méditation.

LA MÉDITATION DANS L'ENSEIGNEMENT SUPÉRIEUR

« Nous sommes au début du développement d'un nouveau champ universitaire majeur, qui va potentiellement changer significativement l'enseignement supérieur en Amérique du Nord. Il nous invite à repenser en profondeur ce qu'"enseignement supérieur" veut dire. »
Harold Roth
Fondateur, Contemplative Studies Initiative,
Brown University, USA[1]

La méditation et la *mindfulness* font de plus en plus l'objet de recherches universitaires. Le nombre d'études publiées sur ces thèmes, qui oscillait entre 5 et 20 par an dans la décennie 1990, atteint maintenant plus de 300 par an (et un record de 470 en 2012).[2] Le nombre d'études associant méditation et leadership reste toutefois limité.

Parallèlement, de plus en plus d'établissements de l'enseignement supérieur accordent une place à la méditation dans leurs cursus, soit sous la forme de modules courts qui pro-

1. Cité dans *Mindfulness revolution*, *op. cit.*, location 4319.
2. D.S. Black (2013), *Mindfulness Research Guide*, *www.mindful-experience.org*.

posent une introduction, soit sous la forme de programmes plus longs, tels que :

- Le Mindfulness-Based Stress Reduction program (MBSR), le plus ancien et certainement le plus impressionnant, initié dès 1979 à l'University of Massachusetts Medical Center par Jon Kabat-Zinn (plus d'informations sur ce programme sont données dans le prochain chapitre). En France, le diplôme universitaire en Médecine, Neurosciences et Méditation, ouvert en 2013 à la Faculté de Médecine de Strasbourg s'inscrit dans cette volonté de diffuser la pratique de la méditation dans le monde médical.
- Du côté des business schools, le programme le plus complet est probablement celui créé il y a dix ans par Jeremy Hunter, à la Peter Drucker Graduate School of Management à l'Université de Claremont aux États-Unis. Ce programme de 28 semaines, qui s'adresse aux cadres expérimentés (*executive education*), propose un parcours pour accroître l'attention et la *mindfulness* dans une optique de développement des capacités de leadership. La pratique formelle de la méditation y est bien présente, mais les intentions de Hunter étant d'utiliser un langage qui ne provoque pas de « réaction immunitaire » de la part des décideurs, le mot attention est plus souvent employé. Quatre catégories de pratiques sont proposées : revenir à l'attention, reprogrammer l'attention, diriger l'attention et transformer l'attention.[1]
- La Copenhagen Business School vient d'annoncer la mise en place début 2014 d'un cursus centré sur la *mindfulness*, étalé

1. « Return to Attention, Reset Attention, Direct Attention, and Transform Attention. » Des details très intéressants sur ce programme peuvent être trouvés dans *Working with Mindfulness - Research and Practice of Mindful Techniques in Organizations*, Mirabai Bush, *More Than Sound, 2013* location 45-302.

sur plusieurs mois à raison d'un module par semaine, proposé à tous les étudiants de MBA.

- En France, Grenoble École de Management a récemment lancé une chaire intitulée « Mindfulness, bien-être au travail et paix économique ». En 2011, l'institution a été choisie par le ministère du Travail comme école pilote, en charge de faire des recommandations qui pourraient être étendues au reste de l'enseignement supérieur.

De tels programmes ne concernent encore qu'une minorité d'établissements mais représentent une évolution majeure, difficilement imaginable il y a dix ans.[1]

LA MÉDITATION DANS LE MONDE POLITIQUE

S'il y a bien un champ dans lequel la méditation a encore de larges progrès à faire, c'est bien celui de la politique. Il est effectivement inconcevable qu'un homme ou une femme politique prône le recours à la méditation dans nos systèmes de soins, d'éducation ou dans l'armée.

C'est pourtant ce que fait Tim Ryan. Né en 1973, il est député (*Congressman*) depuis l'âge de 29 ans, et l'auteur de *A Mindful Nation*, dans lequel il décrit son propre cheminement intérieur, sa découverte de la méditation – notamment au cours d'une retraite animée par John Kabat-Zinn –, et recommande le recours à cette pratique dans de nombreux

1. Pour une vue d'ensemble des développements récents dans le champ universitaire, voir l'article « Contemplative Higher Education in Contemporary Life », de Miramai Bush dans *Contemplation Nation, op.cit.*

domaines : hôpitaux, écoles, armée.[1] Il s'agit pour lui d'un mode d'intervention efficace à un coût raisonnable, beaucoup moins élevé que la plupart des autres approches.

Selon Ryan, le moment est venu pour les États-Unis de se transformer en « *mindful nation* » (une nation qui vit en pleine conscience), ce qui ne signifie pas pour autant un bouleversement total. « Nous n'avons pas besoin d'un nouvel ensemble de valeurs. Je crois que nous pouvons juste vivifier ces valeurs traditionnelles que nous partageons – la prise d'initiative, la persévérance, le pragmatisme, l'attention aux autres – en ajoutant un peu de *mindfulness* dans nos vies. »[2]

Si Ryan est encore un cas isolé, le message de son livre, présenté de façon entièrement laïque, est convaincant et pourrait faire des émules au sein de la classe politique dans d'autres pays.

UNE RÉPONSE À UNE CRISE DE SAGESSE ?

Même si toutes ces démarches sont encourageantes, elles n'autorisent pas une prévision catégorique du futur. On ne peut pas nier la possibilité qu'il s'agisse d'un effet de mode amené à disparaître d'ici 5 ou 10 ans. Toutefois, plusieurs raisons permettent de penser que cette tendance se prolongera et s'amplifiera.

Tout d'abord, un tel intérêt peut être vu comme la réponse à une aspiration croissante à davantage de sens et de sagesse dans nos économies développées.

1. *A Mindful Nation. How a Simple Practice Can Help Us Reduce Stress, Improve Performance and Recapture the American Spirit*, Tim Ryan, Hay House, 2012, location 229-244.
2. *Ibid.*, location 184-199. À noter que Ryan emploie quasi-exclusivement le mot de *mindfulness*, et non méditation. Sur mon choix d'utiliser plutôt le mot méditation dans ce livre, voir le chapitre 2.

Combien de décideurs peuvent aujourd'hui réussir confortablement le test du « pourquoi » : pourquoi travaillons-nous si dur, semaine après semaine ?

Notre travail de décideur nous nourrit-il vraiment en profondeur ? Plus largement, de quel développement parlons-nous quand, malgré la richesse de nos économies développées, un enfant continue à mourir toutes les 5 secondes de malnutrition ? Quand des dizaines de millions de personnes dans le monde prennent des antidépresseurs chaque jour, avec une consommation qui continue d'augmenter, aux États-Unis comme en France ? Quand le taux de suicide augmente lui aussi continûment depuis 50 ans ? Quand la dégradation de notre planète se poursuit, en approchant certains seuils de non-retour ?[1]

Il ne s'agit pas de rejeter les formidables avancées économiques réalisées depuis soixante ans, ni le confort matériel qu'elles ont apporté. Mais il est grand temps de se pencher sérieusement sur le sens de ce que nous faisons, individuellement et collectivement. Nous n'avons porté que peu d'attention jusqu'à présent à ce qui fait sens pour nous et pour les autres, à ce qui peut nous rendre durablement heureux. Une économie stagnante rend hystérique, mais la réalité est que le domaine où nous avons le plus stagné depuis cinquante ans est celui de notre bonheur, comme le montre le graphique ci-dessous, qui met en parallèle la croissance du PIB par tête aux États-Unis depuis 1945 et le pourcentage de la population qui se déclare « très heureux ».[2]

1. Pour des données chiffrées sur ces questions, voir le chapitre 7, dans lequel elles seront davantage développées.
2. Ce graphique a été élaboré par Rob Dietz et Dan O'Neill, les auteurs de *Enough Is Enough: Building a Sustainable Economy in a World of Finite Resources*, Berrett-Koehler, 2013. Il ne concerne que les États-Unis mais il

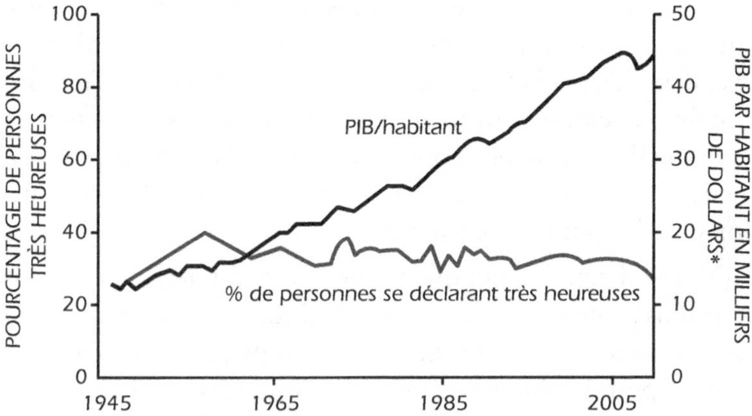

*Le PIB est calculé selon l'inflation et le cours du dollars en 2005.

Si l'intérêt croissant pour la méditation est une réponse à une telle négligence, alors il n'est pas près de s'éteindre ! La crise que nous traversons pourrait bien être davantage une crise de sagesse qu'une crise économique.

Comme l'écrit Patrick Viveret, « c'est la même logique de démesure (ce que les Grecs nommaient *ubris*) qui est à l'origine de la crise écologique (dérèglement climatique et risques majeurs pour la biodiversité), de la crise sociale (dont la forme la plus dramatique s'exprime par la crise alimentaire) et de la crise financière ».[1]

est très probable que des résultats similaires puissent être trouvés dans le cas de la France (même stagnation du niveau de satisfaction).

1. *Reconsidérer la richesse*, 3e éd., Éditions de l'Aube, 2010, p. 9. Patrick Viveret est philosophe, auteur de nombreux essais stimulants. *Reconsidérer la richesse* est un rapport qui avait été remis en 2002 au secrétaire d'État à l'Économie solidaire. Par sa hauteur de vue sur la nécessité d'envisager autrement le succès d'une économie, il reste un document précieux dix ans après sa publication.

Nous avons besoin de décideurs qui s'engagent sur le chemin de la sagesse pour mieux répondre aux défis qui nous attendent. Tirons la leçon de ces grandes civilisations (l'empire romain ou l'empire ottoman, par exemple) qui se sont éteintes au terme d'une longue agonie, au cours de laquelle un sens de la crise était omniprésent sans que personne ne créât d'impulsion décisive pour un renouveau.[1]

Même si certains indiquent que la voie du déclin progressif est la plus probable, il n'y a rien de logiquement impossible à ce que nos sociétés trouvent un nouveau souffle porteur de sens et d'espoir pour le plus grand nombre. Nous verrons dans le chapitre 7 comment ce souffle pourrait prendre forme en faisant l'effort de mettre l'apprentissage de la sagesse au cœur de nos institutions.

LE RENFORT DES NEUROSCIENCES

Le soutien croissant que la méditation reçoit de la science, et des neurosciences en particulier, constitue une autre raison de penser que le mouvement va s'amplifier. Les preuves s'accumulent que dans notre cerveau aussi, il se passe quelque chose d'essentiel quand nous méditons. Les conclusions des travaux scientifiques les plus récents seront présentés dans différents encadrés dans les chapitres 2, 3 et 4.

---

1. Un témoignage passionnant de l'agonie de l'empire ottoman peut être trouvé dans la biographie d'Abudlhamid II, le dernier empereur (*Abdulhamid II : Le sultan calife*, François Georgeon, Fayard, 2003).

Que peut vraiment dire la science sur la méditation ? Le point de vue d'un neuroscientifique[1]

Il n'y a pas si longtemps, la méditation était considérée comme un sujet de recherche « risqué » pour la réputation d'un chercheur. Aujourd'hui la science s'intéresse de plus en plus aux effets de la méditation sur le corps et le cerveau. Cette tendance a commencé au milieu des années soixante-dix et s'est fortement accélérée depuis le milieu des années quatre-vingt-dix.

Plusieurs facteurs expliquent cet intérêt croissant. D'une part, les méthodes de méditation sont devenues de plus en plus accessibles et populaires en Occident, et certaines de ces méthodes ont été sécularisées, séparées de leur contenu religieux d'origine, ce qui facilite leur étude objective. D'autre part, les techniques d'imagerie modernes, notamment l'imagerie fonctionnelle par résonance magnétique (IRMf), ont révolutionné les sciences cognitives en permettant aux chercheurs d'observer le cerveau « en action ». Enfin, les bénéfices potentiels de la méditation sur la santé (réduction du stress, gestion des

☞

1. Pierre-Gilles Henry est diplômé de l'École Supérieure d'Électricité et a obtenu un doctorat en Neurosciences de l'Université Paris 6. Il est professeur et chercheur au Center for Magnetic Resonance Research à l'Université du Minnesota à Minneapolis (États-Unis), le laboratoire qui a mené les toutes premières expériences d'imagerie fonctionnelle par résonance magnétique au début des années quatre-vingt-dix (en parallèle avec l'Université de Harvard). Il est un expert mondialement connu pour l'étude du métabolisme cérébral par résonance magnétique. Il pratique quotidiennement la méditation depuis plusieurs années.

douleurs chroniques, etc.) et sur le bien-être en général, attirent de plus en plus de crédits de recherche de la part des grands organismes de recherche nationaux.

Les études scientifiques de la méditation peuvent être classées en quatre catégories :

- Mesures de paramètres physiologiques : rythme cardiaque, réponse immunitaire, niveaux d'hormones de stress dans le sang, etc.
- Mesures psychophysiques et comportementales, par exemple mesures de temps de réaction, performance dans des tâches cognitives, comportement dans certaines situations.
- Imagerie cérébrale : imagerie fonctionnelle par résonance magnétique (IRM), électroencéphalographie (EEG), magnétoencéphalographie (MEG).
- Questionnaires remplis par les sujets pour évaluer leur état d'esprit, leurs émotions, leur niveau de stress, leur bien-être.

Le nombre croissant d'études scientifiques de la méditation apporte déjà des résultats fascinants et prometteurs sur la façon dont la méditation affecte le corps et le cerveau. Comme nous le verrons au cours des prochains chapitres (2, 3, 4), les études scientifiques récentes montrent non seulement des effets positifs de la méditation sur la santé, mais aussi des changements dans la structure et le fonctionnement même du cerveau, avec des effets mesurables sur notre capacité à nous concentrer et à maintenir notre attention, à réguler nos émotions, à agir de façon altruiste et à être créatifs.

Pour aller plus loin, et garder un œil critique sur les recherches en cours, des précisions sur les questions méthodologiques qu'elles soulèvent sont disponibles en Annexe 1.

Enfin, se pencher sur le parcours intérieur d'une soixantaine de décideurs qui ont une pratique régulière de la méditation renforce le sentiment qu'il ne peut s'agir d'une simple mode.

Leur enthousiasme au sujet de la richesse qu'ils ont trouvée dans la méditation ne manquera pas d'inspirer d'autres décideurs. Surtout, sans être exhaustif, ce panel montre que la méditation peut être adaptée à une grande variété de décideurs, de cultures et de contextes professionnels.

En effet, ces décideurs sont d'une quinzaine de nationalités différentes, répartis dans une dizaine de villes dans le monde[1], et opèrent dans trois types de contexte :

– dirigeants et cadres supérieurs de grands groupes ;
– cadres intermédiaires de grands groupes ;
– entrepreneurs et dirigeants de PME.

Plus de détails sur cette recherche seront présentés en Annexe 2, ainsi qu'une sélection des décideurs interrogés.

Il est temps de commencer le voyage intérieur auquel invite la méditation. Les premiers pas font l'objet du prochain chapitre.

---

1. 10 au Japon, 15 aux États-Unis, 15 en Chine (Chine continentale et Hong Kong) et 25 en Europe. Les villes sont Londres, Genève, Copenhague, Tokyo, San Francisco, Minneapolis, Hong Kong, Paris, Bruxelles, Shanghai et Berlin.

2

UNE PRATIQUE SIMPLE ET PROFONDE, ABORDABLE DE FAÇON LAÏQUE

« La faculté de ramener volontairement une attention qui s'éparpille tout le temps constitue la racine même du jugement, du caractère et de la volonté. Nul n'est une personne entière qui ne la possède. Une éducation qui améliorerait cette faculté serait l'éducation par excellence. »

William James[1]

La méditation est souvent perçue par les décideurs comme une activité trop compliquée et éloignée de leurs priorités. Ils ont déjà tellement à faire et si peu de temps, pourquoi en perdre à « ne rien faire », pour des résultats improbables ? La méditation peut aider à se sentir un peu moins stressé certes, mais il y a d'autres façons d'y arriver – le sport en particulier. Et, de toute façon, une certaine dose de stress est nécessaire pour être performant. Certains se demandent si cette pratique ne va pas finalement les affaiblir, par exemple en leur faisant perdre leur volonté et leur détermination à réussir (les Anglo-saxons emploient le terme *drive*).

1. William James (1842-1910) est un des plus grands psychologues américains. Cette citation est extraite de *Psychology: The Briefer Course* (elle est mentionnée par Fabrice Midal dans *Pratique de la méditation*, Le Livre de Poche, 2012, p. 13).

Ces considérations sont compréhensibles au regard de la confusion qui entoure le concept même de méditation. Mais avant d'y apporter une clarification, faisons le point sur votre propre perception.

Vos croyances sur la méditation

On vient de vous parler d'un manager qui médite, quelles sont vos premières pensées ? Quels mots utiliseriez-vous pour décrire ce manager ?

____

____

____

Les croyances ont le pouvoir d'influencer nos actes. Elles peuvent bloquer l'adoption de nouveaux comportements pendant des années, malgré une intention sincère. Cela ne signifie pas qu'elles soient fausses, elles peuvent simplement nous desservir. Prendre conscience de nos croyances permet d'ouvrir de nouvelles possibilités.

Par exemple, si vous lisez ce livre, vous portez certainement un intérêt à la méditation, mais vous pensez peut-être aussi que cette pratique représente un risque pour un manager (ne devient-on pas un peu faible, voire un peu mou, et déconnecté des réalités ?). Cette croyance, même si elle est modérée, constituera un véritable obstacle à une première pratique.

À ce stade, mettez vos croyances en suspens, rangez-les dans un coin de votre esprit, comme dans un coffre-fort.

Vous pourrez les reprendre à tout moment, idéalement à l'issue d'une période d'expérimentation suffisamment longue, de plusieurs semaines par exemple. Peut-être vos réticences resteront-elles les mêmes, ou peut-être auront-elles été transformées par l'expérience, à vous de le découvrir.

LA MÉDITATION, UN ENTRAÎNEMENT DE L'ESPRIT SIMPLE ET CONCRET

> « Il n'y a rien de mystérieux à propos de la méditation. Il s'agit seulement d'un entraînement de l'esprit. »
> Chade-Meng Tan[1]

La méditation est une pratique simple lorsqu'on s'attache à en extraire l'essence.

Elle consiste à porter son attention sur le moment présent, en se concentrant par exemple sur sa respiration, ce qui permet de se mettre en position d'observateur de son fonctionnement mental (pensées et émotions).[2]

Beaucoup de variations sont possibles autour de ce thème, mais toutes les formes de méditation partagent cette attention au moment présent et ce souci de ne pas se laisser entraîner par l'agitation permanente de nos pensées. C'est peut-être la variété des formes de méditation qui a créé une confusion dans les esprits. Certaines (comme la méditation transcendantale) portent aussi des noms peu attirants, quels que soient leurs mérites, pour les gens orientés vers le concret et vers l'action.

Aucune croyance particulière sur l'existence ou la non-existence de Dieu, l'immortalité de l'âme ou autres questions religieuses n'est requise pour pratiquer la méditation telle qu'elle est définie ici. C'est effectivement, comme le dit Meng, un entraînement de l'esprit qui peut être abordé de façon

1. *Search Inside Yourself, op. cit.*, location 510.
2. Voici une autre définition, proposée par Fabrice Midal : la méditation est un « effort d'attention au moment présent, conscient, délibéré et désintéressé » (*Pratique de la méditation, op. cit.*, p. 10).

entièrement laïque (même s'il y a aussi des formes religieuses de méditation – voir plus loin l'encadré « La méditation comme expérience religieuse »).

Bien que la pratique de la méditation soit au cœur du bouddhisme, cet entraînement de l'esprit n'est pas d'origine exclusivement orientale. Comme le dit le professeur Jeremy Hunter, ce n'est pas un « truc asiatique bizarre » (*weird Asian stuff*). Il souligne qu'une intention très proche peut être trouvée, avec des mots différents, dans les travaux de Peter Drucker, un des plus grands noms du management au XXe siècle.[1]

Williams James, célèbre psychologue américain (1842-1910), recommandait également une pratique de l'attention proche de l'esprit de la méditation, comme l'indique la citation au début de ce chapitre.

Pour aller plus loin, en remontant aux origines de la civilisation occidentale, il apparaît que les philosophes de l'Antiquité jugeaient essentiel de poser son attention sur le moment présent et ne pas se laisser emporter par le flot constant des émotions et des désirs. Comme le souligne Pierre Hadot dans *Exercices spirituels et philosophie antique*, la philosophie était alors conçue non pas comme un effort intellectuel mais comme une pratique aidant à mener une vie sage et heureuse.[2]

---

1. Jeremy Hunter a fait une présentation convaincante sur ce point lors de la conférence Wisdom 2.0. Pour plus d'informations sur ce sujet, voir le chapitre « Knowledge Worker Productivity and The Practice of Self-Management », écrit par J. Hunter dans le livre *The Drucker Difference : What the World's Greatest Management Thinker Means to Today's Business Leaders*, sous la direction de Craig Pierce, Yamawaki, Joseph Maciariello et Hideki Yamawaki, Mc Graw Hill, 2009.
2. Pierre Hadot, *Exercices spirituels et philosophie antique*, Albin Michel, 2002.

On pense ici aux stoïciens, bien sûr, pour qui l'attention (*prosochè*), une présence d'esprit continuelle, une conscience de soi toujours éveillée, était « l'attitude spirituelle fondamentale »[1]. Quant aux épicuriens, le but de leur pratique était de « ramener l'âme des soucis de la vie à la simple joie d'exister ». Cela supposait de se libérer des désirs incessants, et d'apprendre à faire la distinction entre les désirs naturels et nécessaires, les désirs naturels et non nécessaires, et les désirs qui ne sont ni naturels ni nécessaires.[2] Une discipline pour laquelle la Nature nous facilite la tâche, selon Épicure :

> « Grâces soient rendues à la bienheureuse Nature qui a fait que les choses nécessaires soient faciles à atteindre et que les choses difficiles à atteindre ne soient pas nécessaires. » [3]

Ainsi, il y avait pour Hadot, dans les mondes grec et romain, une vraie tradition de pratique d'exercices spirituels, qui était toujours présente dans le christianisme primitif, mais qui a ensuite été largement perdue, en Occident du moins, en raison de la prévalence croissante des rituels.

Notons que le terme méditation était fréquemment utilisé dans les cultures grecque et romaine (*meletè* en grec, *meditatio* en latin), mais avec un sens un peu différent, que l'on retrouve par exemple dans l'expression « méditer une phrase ». La méditation désignait alors un « effort pour assimiler, pour rendre vivant dans l'âme une idée, une notion, un principe »[4].

1. *Exercices spirituels et philosophie antique*, *op. cit.*, p. 26.
2. *Ibid.*, p. 33-34.
3. Épicure, Fragment 240, cité dans Hadot, *Exercices spirituels et philosophie antique*, p. 34.
4. *Ibid.*, p. 29. Des développements très intéressants à ce sujet peuvent aussi être trouvés dans le livre de Xavier Pavie, *La Méditation philosophique : une initiation aux exercices spirituels*, Eyrolles, 2010.

Méditation et *mindfulness*

En Occident, le concept de *mindfulness* a gagné en popularité au cours des dix dernières années. Il est maintenant souvent utilisé comme un substitut pratique (et jugé plus sûr) au mot méditation. Dans un contexte professionnel – les entreprises en particulier –, beaucoup préfèrent en effet utiliser le mot *mindfulness*, de peur que le mot méditation soit perçu avec une connotation religieuse.

Il n'y a pas de définition unique de la *mindfulness*, mais celle proposée par John Kabat-Zinn tend à faire autorité : « La *mindfulness* est la pleine conscience, cultivée par l'attention au moment présent de façon soutenue et particulière : intentionnellement, dans le moment présent, et sans jugements. »[1]

Les points communs avec la méditation apparaissent immédiatement. Les programmes qui sont basés sur la *mindfulness* font une très large place à la méditation, sous plusieurs formes. La méditation peut en fait être vue comme la pratique principale pour développer la *mindfulness*. Dans un article scientifique récent, l'articulation entre les deux mots est ainsi résumée : « La *mindfulness* est essentiellement cultivée par des pratiques de méditation formelle, comme la méditation assise, la méditation en mouvement, et les mouvements faits en conscience (*mindful movements*). »[2]

Les deux mots peuvent aussi être associés, comme dans l'expression anglaise « *mindfulness meditation* », que J. Kabat-

1. « Mindfulness is awareness, cultivated by paying attention to the present moment in a sustained and particular way: on purpose, in the present moment, and non-judgmentally » (*Mindfulness for beginners*, p. 1).
2. « How Does Mindfulness Meditation Work? » (2011), Harvard Medical School. L'étude peut être trouvée sur *https://webspace.utexas.edu/neffk/pubs/Holzel%20mechanisms%202011%20PPS.pdf*.

Zin utilise en sous-titre d'un de ses livres, et qui peut être traduite par « méditation de pleine conscience ».[1] Elle désigne alors une forme particulière de méditation, très proche de celle présentée dans ce chapitre.

Dans ce livre, l'utilisation du mot méditation est privilégiée, car :

– l'intention est de renforcer le message que la méditation est une pratique qui peut être approchée de façon laïque ;
– le mot *mindfulness* semble parfois un peu vague pour les décideurs ;
– la méditation est de toute façon (à ce jour en tout cas) la principale pratique pour développer la *mindfulness*.

L'importance de l'expérience

S'il subsiste la moindre confusion dans votre esprit à l'issue de cette présentation, et même si tout est clair, le plus important si vous n'avez jamais médité est d'en faire une première expérience.

Il existe désormais de très bons livres et CD d'initiation qui donnent tous les détails nécessaires (voir la bibliographie). L'objectif n'est pas ici de proposer un guide pratique qui serait redondant avec ces ouvrages, mais, pour ceux qui n'ont jamais pratiqué la méditation, voici une courte expérience qui leur permettra de mieux suivre le reste du chapitre.

1. *Wherever You Go, There You Are: Mindfulness Meditation in Everyday Life*, Hyperion, 2005 (traduction française : *Où tu vas, tu es – Apprendre à méditer pour se libérer du stress et des tensions profondes*, J'ai Lu, 2005).

Expérience

Ou que vous soyez maintenant, alors que vous lisez ces lignes, prenez quelques minutes pour redresser votre posture, sur votre siège ou debout, en imaginant que votre colonne vertébrale s'élève tranquillement vers le ciel. Une fois cette verticalité trouvée, placez toute votre attention sur le moment présent.

Pour cela, utilisez votre respiration : concentrez-vous sur l'air qui entre dans votre corps à l'inspiration, puis quitte votre corps à l'expiration. Veillez à ce que cette attention soit détendue, sans créer la moindre tension.

Dès que votre attention est distraite par des pensées ou des émotions, observez-les comme vous observeriez des nuages dans le ciel, puis laissez-les pour revenir à la conscience de votre respiration.

Continuez cette expérience pendant au moins cinq minutes.

Si cette forme de méditation est l'une des plus simples (d'autres formes de méditation seront présentées au fil du livre), elle n'en est pas moins profonde que les autres.

Comme vous pouvez le constater, il n'est pas nécessaire de s'asseoir les jambes croisées sur un coussin (ce que l'on appelle la méditation formelle). En fait, s'asseoir n'est même pas une obligation. Cette attention au moment présent et cette posture d'observateur de son propre esprit peuvent être pratiquées à tout moment de la journée, quelle que soit l'action que nous sommes en train d'effectuer. C'est précisément ce que les moines zen essayent de faire, jour après jour. Leur mission essentielle est de garder la même qualité de présence au cours de leurs journées, qu'ils soient en séance de méditation formelle ou en train de balayer les couloirs de leur monastère.[1]

Jusqu'à présent, conserver cette qualité de présence et importer cette pratique dans le quotidien était surtout la préoccupation des moines. L'intérêt grandissant pour la méditation – ce que certains appellent déjà la révolution de la *mindfulness*[2] – permet de l'envisager comme un enjeu pour tous et plus particulièrement pour les décideurs, en raison de leur influence sur la société.

Même si vous n'aviez pas d'expérience préalable de la méditation, vous avez probablement déjà perçu qu'entraîner ainsi son attention est plus facile à faire assis dans un lieu calme qu'en marchant dans une rue animée. C'est pour cela que la première modalité est plutôt conseillée aux débutants, avant d'étendre progressivement sa pratique à des situations moins favorables (voir chapitre 3).

1. Deux livres magnifiques décrivent la vie des moines zen au quotidien : *Journal d'un apprenti moine zen*, Giei Satô, Philippe Picquier, 2010 (zen japonais) et *Entrer dans la liberté : introduction à la formation des moines et des moniales dans la tradition bouddhiste*, Dangles, 2010 (zen vietnamien). Si l'expérience des moines vous intéresse, vous trouverez dans mon précédent livre une étude sur l'inspiration que les décideurs peuvent trouver dans la vie monastique, chrétienne et bouddhiste, bien au-delà de la méditation (*Quand les décideurs s'inspirent des moines. 9 principes pour donner du sens à votre action*, Dunod, 2012).
2. *The Mindfulness Revolution*, *op.cit.*

LE CHOIX D'UNE APPROCHE LAÏQUE OU RELIGIEUSE

« Un homme qui se tient tranquille et qui contemple, sans autre intention ou objectif que de faire l'expérience de lui-même et de son unicité avec le monde, on le considère comme «passif» parce qu'il n'est pas «en train de faire quelque chose». En réalité, cette attitude de méditation concentrée représente la plus haute activité qui soit, une activité de l'âme. »
Erich Fromm[1]

Même si nous avons parlé de l'expérience des moines zen, aucune croyance religieuse n'est requise pour pratiquer. Il est tout à fait possible de mettre de côté la question de l'existence ou de la non-existence de Dieu, ou de la réalité d'une vie après la mort, par exemple. Cela ne signifie pas que ce ne sont pas des questions importantes, mais il n'est pas nécessaire de s'y pencher pour ressentir à quel point la méditation peut enrichir sa vie, et sa fonction de décideur en particulier.

Du point de vue des religions instituées, cette posture peut être considérée comme une simplification excessive qui ne fait pas honneur à la richesse de leur tradition. Les croyants ont toutefois la possibilité de pratiquer la méditation dans leur cadre religieux. Certains décideurs chrétiens et musulmans constatent d'ailleurs que leur pratique de la méditation leur permet de donner plus de qualité à leur prière. Ils se sentent plus présents, impliqués dans une prière qui devient moins « mécanique » (selon les propres mots d'un des décideurs interrogés).

1. Erich Fromm, *L'Art d'aimer*, Desclée de Brouwer, 1968, p. 38.

Pour aller plus loin : la méditation comme expérience religieuse

Si l'approche de la méditation proposée dans ce livre est laïque, vous avez peut-être un intérêt pour une approche religieuse, selon vos croyances.

Le bouddhisme offre naturellement le plus de ressources. Les livres y traitant de méditation sont innombrables. S'il ne fallait en mentionner qu'un, retenons l'enseignement du maître zen vietnamien, Thich Nhat Hanh, réputé dans le monde entier pour sa capacité à allier profondeur, simplicité et poésie.

Le christianisme utilise le mot méditation avec prudence, dans le souci de distinguer une approche chrétienne de la méditation des approches orientales (bouddhistes notamment). En effet, trop de confusion ferait oublier une dimension essentielle du christianisme : le rôle central joué par le Christ dans ce que les chrétiens appellent la Révélation de Dieu aux hommes. Ainsi, dans une perspective chrétienne, une méditation dont le Christ serait exclu aurait peu de sens.[1] Cette précision étant faite, une longue tradition méditative existe au sein du christianisme. La tradition orthodoxe est probablement celle qui accueille la pratique la plus proche de la méditation telle qu'elle est définie dans ce livre : l'hésychasme (voir *La Montagne et la mer* de Jean-Yves Leloup[2]). Dans le christianisme occidental, les *Exercices spirituels* d'Ignace de Loyola gardent encore beaucoup d'influence. Pour ceux qui sont intéressés par la rencontre du christianisme et de l'hindouisme, les écrits d'Anthony de Mello sont passionnants.[3]

☞

1. Voir par exemple le document « Lettre aux évêques de l'église catholique sur quelques aspects de la méditation chrétienne », publié en 1989 par la Congrégation pour la Doctrine de la Foi (disponible sur le site *www.vatican.va*).
2. *La Montagne dans l'océan : Méditation et compassion dans le bouddhisme et le christianisme*, Jean-Yves Leloup, Albin Michel, 2007.
3. Voir notamment *Appel à l'amour – Méditations sur le chemin du bonheur*, Anthony de Mello, Albin Michel, 2005.

☞

Enfin, la pratique monastique de la *Lectio Divina* (lecture méditative de la Bible) est aussi une pratique très profonde.[1]

Au sein de l'islam, les différents courants de la tradition soufie proposent des pratiques qui présentent de fortes similarités avec la méditation. Le mot méditation est aussi parfois explicitement utilisé, avec toutefois un sens un peu différent de l'acception choisie dans ce livre. Pour plus de précisions, voir *Soufisme, cœur de l'islam* de Cheikh Khaled Bentounes[2].

Un ouvrage intéressant, *Méditer et Agir*, donne la parole aux représentants des différentes religions instituées (ce sont en fait les actes d'un colloque)[3]. Les livres *Méditer pour agir*[4] et *Techniques de méditation*[5] donnent eux aussi de très bons éclairages sur les différentes approches religieuses de la méditation.

TROP SIMPLE POUR ÊTRE EFFICACE ?

« Ma définition de la *mindfulness* est de placer son attention sur le moment présent, intentionnellement et sans jugement. J'aime parfois ajouter "comme si votre vie en dépendait", parce que c'est profondément le cas. »

Jon Kabat-Zinn

1. Voir par exemple *Initiation à la Lectio Divina*, Joseph-Marie Verlinde, Parole et Silence, 2002.
2. *Soufisme, coeur de l'islam*, Cheikh Khaled Bentounes, La Table Ronde, 1996. Voir aussi la contribution de Faouzi Skali, « Dissiper les voiles dans la tradition soufie », dans *Méditer et agir*.
3. *Méditer et agir*, Colloque de la Sainte-Baume, Albin Michel, 1993.
4. *Méditer pour agir*, Lawrence LeShan, Seghers, 1976 (Titre original: *How to Meditate*).
5. *Techniques de méditation et pratiques d'éveil*, Marc de Smedt, Albin Michel, 1983 (ce livre s'intitulait auparavant *50 techniques de méditation*).

Comment une pratique aussi simple peut-elle avoir les effets qui lui sont attribués ?

Pendant longtemps, il y avait seulement deux façons de répondre à cette question : faire l'expérience par soi-même et fréquenter des personnes qui pratiquent afin de les observer.

Faire l'expérience par soi-même reste la voie la plus sûre pour se faire une opinion, mais certaines personnes ressentent le besoin de comprendre au préalable comment cela fonctionne, de pouvoir compter sur des faits et des données solides. La bonne nouvelle est que les dernières avancées des neurosciences (formant une branche désormais appelée neurosciences contemplatives) nous permettent de mieux comprendre ce qui se passe dans notre cerveau quand nous méditons, en particulier le phénomène de la plasticité neuronale.

La plasticité neuronale
Le point de vue d'un neuroscientifique

Contrairement à ce que l'on pensait il y a seulement une vingtaine d'années, le cerveau conserve une plasticité non négligeable même à l'âge adulte : sa structure et ses fonctions, loin d'être figées, continuent d'être modifiées en permanence par notre expérience.

Par exemple, des études ont montré que la région du cerveau qui enregistre les sensations tactiles (cortex somatosensoriel) de la main d'un violoniste qui presse les cordes, grossit avec la pratique, même chez les personnes qui commencent à apprendre à jouer du violon à l'âge adulte. Les régions du cerveau qui sont fréquemment

☞

utilisées voient leur taille augmenter, tandis que les régions du cerveau inutilisées peuvent être affectées à d'autres tâches.

Le cerveau peut dans certains cas se réorganiser de façon encore plus drastique. Par exemple, si les yeux de sujets sains sont couverts d'un bandeau opaque sans interruption pendant cinq jours, le cortex visuel, ne recevant plus d'informations visuelles, commence à être activé en réponse à des informations tactiles. De même, lorsque des régions du cerveau sont endommagées par une attaque cérébrale, d'autres régions peuvent parfois prendre en charge les fonctions associées aux régions endommagées, permettant une récupération au moins partielle de ces fonctions.

De manière étonnante, ce changement cérébral n'est pas forcément le résultat de stimulations sensorielles ou motrices. Une activité mentale seule suffit à changer la structure et le fonctionnement du cerveau. Par exemple, les chercheurs ont montré que la simple visualisation répétée d'un mouvement provoque des changements dans le cortex moteur semblables à ceux observés lors de la répétition du mouvement lui-même.

Étant donné qu'une activité mentale suffit à modifier la structure et le fonctionnement du cerveau, il n'est pas étonnant que la méditation (une forme d'entraînement mental) induise également de tels changements dans le cerveau. Nos traits de caractère ne sont pas complètement figés, notre capacité à réguler notre attention et nos émotions peuvent être développées avec de l'entraînement, et cet entraînement a un effet mesurable sur le cerveau.

☞

Les études scientifiques montrent que la plasticité neuronale peut être mise en évidence après une période relativement courte (de quelques jours à quelques mois). Mais deux conditions sont nécessaires : la concentration et la répétition. Dans une étude particulièrement instructive, les chercheurs ont utilisé un système qui touchait de façon répétitive les doigts de singes pendant deux heures par jour, en même temps que les animaux entendaient des sons. Un premier groupe de singes apprenait à se concentrer sur les sensations de la main, un deuxième groupe sur les sons. Après six semaines, la taille de la région du cerveau qui enregistre les sensations tactiles sur les doigts avait augmenté dans le premier groupe seulement, alors que la taille du cortex auditif avait augmenté dans le deuxième groupe seulement. Les stimulations extérieures étant identiques pour les deux groupes, les changements dans le cerveau étaient déterminés uniquement par l'objet de leur attention.

Pourquoi ne pas aller plutôt courir ?

La méditation n'est pas la seule pratique qui ait un effet positif sur notre cerveau et sur notre corps de façon générale. C'est le cas aussi de l'activité physique. Pourquoi ne pas plutôt aller courir alors ?

Certains décideurs pensent en effet avoir déjà trouvé un bon moyen de se détendre. Un des décideurs rencontrés au cours de la préparation de ce livre, par exemple, s'apaise en conduisant pendant plusieurs heures. C'est toutefois la pratique du sport qui revient souvent dans les exemples donnés. Se pourrait-il que le sport soit aussi efficace, ou plus efficace, que la méditation ?

Le sport a indéniablement des effets physiologiques marqués, dont certains sont proches de ceux de la méditation. Il a été montré que l'activité physique, en particulier l'exercice aérobique, réduit le stress, stimule la neuroplasticité, et développe la mémoire et le fonctionnement cognitif.[1]

Cependant, la méditation est un exercice spécifique (qui peut d'ailleurs être pratiqué tout en faisant du sport), qui va bien au-delà de la gestion du stress et de l'entretien corporel.

UNE PRATIQUE PROFONDE, AU-DELÀ DE LA GESTION DU STRESS

> « Une pratique sérieuse de la méditation a pour effet psychologique de susciter une nouvelle façon de percevoir le monde et d'entretenir avec lui des relations. »
> Lawrence LeShan[2]

Pour essayer de réduire les réticences des décideurs en entreprise, la méditation leur est souvent présentée comme une technique efficace de gestion du stress. Mais elle est aussi beaucoup plus que cela. C'est une pratique pour « revenir chez soi », c'est-à-dire être pleinement soi-même, qui a le potentiel de nous donner une nouvelle expérience du monde à chaque moment de notre vie.

Un itinéraire passionnant attend les décideurs qui souhaitent s'engager dans cette direction :

1. Pour un point complet sur cette question, voir l'article « Exercise, brain, and cognition across the life span », *Journal of Applied Physiology*, 111: 1505-1513, 2011.
2. *Méditer pour agir*, *op.cit.*, p. 37.

– la libération de toute tension au cœur de l'action et la capacité à agir en paix intérieure ;
– une plus grande connaissance d'eux-mêmes et des motifs de leurs actes ;
– une compréhension plus fine et profonde de leurs collaborateurs ;
– une possibilité renforcée de forger une vision qui a du sens pour eux et leurs équipes, grâce à un retour régulier à l'essentiel ;
– un ajustement de l'influence que prend leur ego dans leur vie de décideur.

Chacun de ces points sera abordé en détail dans les chapitres 4 et 5, mais penchons-nous pour l'instant sur ce que signifie « s'engager dans cette direction ».

Certains bénéfices essentiels de la méditation sont accessibles à tous après un temps relativement court de pratique : par exemple, moins de stress, plus de calme et de concentration. Mais les effets les plus profonds de la méditation viennent avec une pratique régulière et une certaine ouverture à une dimension spirituelle.

Longtemps tenu à l'écart du monde des affaires, le mot spiritualité (le *S-word* !) est devenu délicat à employer. Mais qu'est-ce que la spiritualité ? Et s'il agissait de l'art de se relier à ce qui nous touche et nourrit notre âme, à ce qui est « plus grand que nous », un art qui dépasserait de loin le cadre des religions instituées ?[1]

1. Il est possible de parler de « spiritualité laïque », comme le fait par exemple Luc Ferry, qui la définit comme « une conception de la philosophie qui lui assigne essentiellement pour tâche de réfléchir à la vie bonne sans passer par un dieu ni par la foi, mais avec les moyens du bord, ceux d'un être humain qui se sait mortel, livré à lui-même et aux seules exigences de la lucidité. » (*La Révolution de l'amour. Pour une spiritualité laïque*, Plon, 2010)

Avec cette définition en tête, quels moments offrant une ouverture spirituelle pouvons-nous trouver dans la vie d'un décideur ? En voici quelques exemples :

- défendre une valeur ou un principe avec conviction et courage quand elle est à contre-courant de son organisation ;
- voir se révéler un talent ou une facette lumineuse chez un collaborateur qui était en difficulté, et en qui on avait continué de croire ;
- voir naître en nous et mettre en place une vision inspirante pour notre équipe ou notre organisation, qui donne davantage de sens à tous ;
- soutenir un collaborateur qui traverse une épreuve difficile ;
- observer qu'une harmonie et un plaisir de travailler ensemble ont pris forme dans nos équipes, de sorte que cette expérience de travail restera comme un moment privilégié dans la vie des collaborateurs.

L'ensemble de ces moments dans la vie d'un décideur, le sentiment d'avoir été relié par son action à « plus grand que soi », à de multiples reprises, favorise un sentiment de plénitude.

La dimension spirituelle d'une vie peut être abordée sans la moindre référence à la religion, comme le montre cet extrait d'entretien avec Pierre Mauroy, qu'il donna peu avant sa mort en 2013, alors qu'il se savait malade :

> « J'espère encore vivre bien des années, mais enfin, j'ai 84 ans. Vous voyez, la fin de vie, je la vois un petit peu comme la mer, comme quelque chose qui s'impose à vous, majestueusement, avec solennité, et en même temps avec beaucoup de force, une très grande beauté. Et donc dans les moments qui peuvent être difficiles pour moi, et que je peux

penser que tout a une fin – ainsi va la vie – je la vois comme j'ai vu la mer pour la première fois. »[1]

Si la spiritualité est l'art de se relier à ce qui est « plus grand que nous » et nous touche en profondeur, pourquoi devrions-nous mettre cet art de côté lorsque nous remplissons notre rôle de décideur ? L'expression « plus grand que nous » peut signifier des choses bien différentes selon les personnes : l'amour, la beauté, la nature, la paix, la sagesse, Dieu ou le divin.

Cesser d'évoquer ce qui est essentiel à notre âme juste parce que nous sommes engagés dans le business est un immense gâchis. Surtout quand ces sujets peuvent aussi nous aider à devenir des décideurs plus inspirants pour nos équipes et notre organisation, à créer plus de sens pour soi-même et les autres, et à repenser notre rôle pour apporter une contribution plus significative à la société.

Il y a quelques années, alors que je commençais à écrire mon précédent livre, j'ai pris la décision de cesser de mettre systématiquement de côté le mot spiritualité et les autres mots qui y sont associés lors de mes conversations professionnelles avec d'autres décideurs. Quelque chose d'extraordinaire s'est alors produit : nos conversations sont devenues plus vivantes et vibrantes, je voyais plus d'étincelles dans les regards, et j'étais souvent convié à poursuivre les conversations en d'autres occasions. Ce n'était pas moi qui étais brillant, mais ce dont nous parlions, ce qui était « plus grand que nous ».

1. L'enregistrement audio de cet entretien est disponible sur le site de France Bleu : *www.francebleu.fr*. La voix de Pierre Mauroy elle-même est très émouvante à entendre, tant elle est imprégnée de sérénité.

PRATIQUE SUPERFICIELLE ET PRATIQUE PROFONDE ?

« Cela serait dommage que la pleine conscience se résume à s'arrêter entre midi et deux pour aller méditer dans une salle adaptée, afin de se sentir moins stressé. Car elle permet des changements bien plus vastes, bien plus profonds, bien plus intéressants encore. »

Christophe André[1]

Considérant que la méditation peut nous emmener aussi loin, pourrait-on dire qu'il y a une pratique superficielle et une pratique plus profonde de la méditation, la première visant avant tout des résultats concrets et rapides centrés sur la gestion du stress et la concentration ?

Prenons la métaphore d'une randonnée en montagne qui offre trois types de paysage :

- à sa base, après une courte marche, une belle forêt, fraîche et vivifiante ;
- en continuant la marche et en atteignant les alpages, des prairies couvertes de fleurs, depuis lesquelles on commence à apercevoir la vallée ;
- en poursuivant jusqu'au sommet, une vue magnifique sur les environs.

1. Extrait de la préface à *Méditer au travail pour concilier sérénité et efficacité*, Michael Chaskalson, Les Arènes, 2013, p. 17-18.

Qui pourrait dire que le sommet est préférable à la forêt ? Qui pourrait qualifier de superficielle la décision de s'arrêter dans la forêt ? La véritable erreur serait de juger que seule la vue depuis le sommet compte.

Cela dit, il est aussi évident que poursuivre le cheminement pour découvrir les différents paysages donne une expérience plus complète de la montagne, et permet d'accéder à une perspective plus large. S'arrêter dans la forêt serait dommage !

Cette métaphore, comme toute métaphore, est imparfaite, car :

- Nous sommes habitués à penser qu'atteindre le sommet est ce qui compte le plus dans une randonnée en montagne. Or, dans le cheminement décrit ici, chaque pas est aussi important que le précédent ou le suivant, et il est crucial de ne pas s'attacher aux résultats de la pratique (chapitre 3).
- Elle laisse penser que le chemin est forcément long. En fait, comme l'expliquent beaucoup de maîtres spirituels, ce que beaucoup d'entre nous cherchent dans la méditation – la paix intérieure, par exemple – est déjà présent en nous, recouvert par différents obstacles qu'il s'agit d'enlever. De nombreux témoignages issus de diverses traditions montrent

aussi qu'il est possible de faire l'expérience d'une transformation intérieure profonde sans passer par une longue période de pratique, tels ceux d'Eckhart Tolle[1] et de Masanobu Fukuoka[2]. Il reste que, pour la plupart d'entre nous, et particulièrement chez les décideurs immergés dans l'action et susceptibles de verser dans l'agitation de l'esprit, le cheminement demande du temps et de la discipline (sur la discipline requise, voir chapitre 4).

INTRODUIRE LA MÉDITATION EN ENTREPRISE, UNE TENDANCE DANGEREUSE ?

« Nous avons pris l'habitude de faire une distinction entre «temps de travail» et «temps libre». Mais cette façon de penser diminue notre joie et notre succès au travail. »

Thich Naht Hanh[3]

Au regard de cette dimension spirituelle, certains posent la question de la légitimité du recours à la méditation en entre-

1. Eckhart Tolle est un maître spirituel reconnu dans le monde entier suite à la publication de son livre *Le Pouvoir du moment présent* (J'ai Lu, 2010), qui est rapidement devenu un classique. Dans les premières pages, il raconte sa propre transformation intérieure, qui a été aussi soudaine qu'intense.
2. Masanobu Fukuoka (1913-2008) est un paysan et philosophe japonais, qui a été un pionnier dès les années soixante d'une approche de l'agriculture à contre-courant de l'agriculture industrielle, mais obtenant des rendements similaires sans dégradation des sols ni pollution. Son livre *La Révolution d'un seul brin de paille* (Guy Tredaniel, 2005) est lui aussi devenu un classique. Il y présente de façon très concrète à la fois son cheminement spirituel et ses idées.
3. *Work. How to Find Joy and Meaning in Each Hour of the Day*, Parallax Press, 2012.

prise. Ne serait-ce pas instrumentaliser cette pratique ? La dénaturer et la dépouiller de ses éléments les plus précieux pour devenir un outil au service exclusif de la maximisation de la croissance et des profits, avec juste un peu moins de stress ?[1]

C'est un risque qui ne peut pas être négligé, comme en témoignent des articles récemment parus dans la presse. Un article du *Financial Times* paru en 2013, par exemple, agacerait même les moines zen les plus chevronnés.[2] Il n'y est question que d'efficacité et de capacité à prendre des décisions d'investissement pertinentes (sans tomber dans des travers émotionnels et en gardant une vue synthétique). Aucun des décideurs interrogés ne semblent évoquer son rôle en tant que décideur, ni la responsabilité que la finance a dans la société. Le journaliste conclut son article sur un ton désabusé : « La question reste ouverte de savoir si cela va influer sur l'éthique du monde de la finance ».

On comprend donc la prudence de certains. En même temps, il serait injuste de ne pas prendre en considération la difficulté du métier de décideur, avec des objectifs à atteindre, des engagements à tenir, une équipe ou une organisation à mener, tout en faisant face à une forte pression.

Si la méditation peut aider les décideurs à remplir leur rôle et à devenir plus inspirants pour leurs collaborateurs, pourquoi leur en restreindre l'accès ?

Il reste tout de même une question épineuse : la méditation pourrait-elle aider certains décideurs à être plus performants

1. Voir par exemple l'article *Mindfulness goes corporate and purists aren't pleased* (*http://www2.macleans.ca/2013/04/21/the-battle-for-buddha/*).
2. « Zen and the art of management », John Paul Rathbone, *Financial Times*, 16 septembre 2013.

dans une conduite des affaires occasionnant de sérieux dégâts, pour l'environnement ou pour les hommes ?

Cela ne peut pas être exclu, et se produit d'ailleurs certainement. Les exemples où la pratique de la méditation a amené des décideurs à prendre davantage conscience de leur impact sur la société et à ajuster la façon de conduire leurs affaires paraissent néanmoins plus nombreux – les entretiens menés invitent à être optimiste de ce point de vue. Certains décideurs interrogés ont certes commencé à pratiquer dans le seul but d'améliorer leur performance tout en réduisant leur stress, mais il était évident en les écoutant (et ils l'exprimaient parfois explicitement) que cette pratique avait pour eux un impact plus profond, et les avait progressivement amenés à changer la perception de leur rôle dans leur organisation et dans la société (voir chapitres 5 et 6).

Introduire la méditation dans le monde de l'entreprise ressemble finalement à un pari, mais un pari qui a de bonnes chances d'être gagné. Si vous êtes intéressé par la pratique de la méditation, le plus important est de commencer par vous interroger sur votre intention. Est-elle de :

- contenir votre niveau de stress tout en continuant à mener vos affaires sur le même mode (ou en accélérant) ?
- devenir plus efficace ?
- devenir un leader plus inspirant ?
- devenir plus serein et heureux ?
- déployer l'ensemble de votre potentiel humain et atteindre une forme de plénitude ?
- donner davantage de sens à votre vie en repensant votre rôle en tant que décideur ?

Toutes les options, isolées ou combinées, sont bien sûr acceptables. Il s'agit simplement d'avoir conscience qu'en pratiquant la méditation dans le seul but de remédier au stress, vous passerez à côté des plus grands bénéfices que la méditation peut apporter. Cela ne serait pas une erreur, juste dommage, pour vous, vos collaborateurs et votre organisation. Pour reprendre la métaphore de la randonnée en montagne, vous manqueriez, en restant dans la forêt, à la fois les vastes prairies des alpages et la vue panoramique qui vous attend au sommet.

Si vous envisagez de proposer à vos équipes des modules de *mindfulness* ou de méditation dans le cadre d'un programme de formation, sans y participer vous-même, une question supplémentaire se pose : pourquoi pas vous ?[1]

Si ce n'est pas si important, pourquoi y inscrire vos collaborateurs dont le temps et les compétences sont précieux ? Si c'est effectivement essentiel, pourquoi ne pas vous joindre à eux ? Une réponse immédiate pourrait être : *ils* en ont besoin, mais pas *moi.* En êtes-vous vraiment sûr ?

Commencez par envisager la méditation non comme un outil, mais comme un chemin. Vous pourrez ensuite décider jusqu'où aller. Les trois prochains chapitres donnent, un peu comme un guide de voyage, des indications sur les destinations possibles, en lien avec votre fonction de décideur.

1. C'est un cas qui peut paraître étrange à certains mais que j'ai rencontré à plusieurs reprises : le programme est organisé pour le management intermédiaire à la demande de l'équipe de dirigeants, mais aucun des dirigeants n'y participe.

Pour tirer le maximum de ce livre

Si vous n'avez pas encore d'expérience de la méditation, vous pouvez dès à présent entamer une « période d'essai ». Pratiquer régulièrement pendant plusieurs semaines, dans l'idéal tous les jours, vous permettra de mieux comprendre certains développements, même si ce livre à vocation à être compréhensible par tous.

Il existe de nombreux CD et livres permettant de débuter dans de bonnes conditions, bien que la meilleure voie soit d'être accompagné par un instructeur qualifié. Le problème est de trouver la bonne approche. Ayez confiance en votre jugement et n'hésitez pas à visiter plusieurs institutions ou rencontrer plusieurs instructeurs avant de faire un choix. Trouver le bon instructeur fait déjà partie du chemin.

De manière générale, le programme MBSR est un choix sûr, surtout si vous avez une préférence pour une approche totalement laïque. Il y a maintenant des instructeurs formés avec cette méthodologie dans le monde entier.

Au cas où vous préféreriez commencer par vous-même, des livres et CD sont recommandés dans la bibliographie.

3

QUAND LES DÉCIDEURS RENCONTRENT LA MÉDITATION : ENTRE ENTHOUSIASME ET FRUSTRATION

« Le but de la méditation n'est autre que notre pleine «humanité», l'entière jouissance de ce qu'être humain signifie. [...] C'est un dur travail, souvent frustrant, et pourtant profondément satisfaisant. »
Lawrence LeShan[1]

Parmi les décideurs interrogés, quelques-uns comme Emiko, Hector, Mabel ou Daniel, avaient fait l'expérience de la méditation dans leur jeunesse (au lycée ou pendant leurs études supérieures)[2]. Ils ont le souvenir de la méditation et de la richesse qu'ils y trouvaient conservé, même s'ils n'ont ensuite plus pratiqué pendant de longues années.

1. Lawrence LeShan, *Méditer pour agir*, Seghers, 1976, p. 8 et p. 20.
2. Une courte présentation des décideurs cités, classés par ordre alphabétique, se trouve dans l'Annexe 2.

Toutefois, la majorité des personnes interrogées se sont initiées à la méditation plus tard, alors qu'elles occupaient déjà une fonction de décideur. Certains pratiquaient le yoga, d'autres recherchaient une activité qui pouvait leur apporter plus de sérénité ou plus de sens. Mais beaucoup se sont tournées vers la méditation sous la pression des événements : un burn out ou une période de stress intense, un épisode tragique (comme le tremblement de terre au Japon en 2011) ou un moment de remise en cause. C'est ce qui est arrivé à Sato, manager dans un cabinet de conseil au Japon, lorsque les résultats de son évaluation annuelle ont indiqué que son style de management créait des tensions dans son équipe.

Si les raisons qui conduisent à s'intéresser à la méditation sont donc variées, une certaine homogénéité se dégage quant aux leçons tirées des premiers temps de pratique :

- Les premiers pas peuvent être un peu frustrants pour des décideurs habitués à raisonner en termes de retour sur le temps investi.
- Si la méditation est une pratique exigeante, il est toutefois possible d'éviter toute frustration en adoptant une attitude adéquate.
- La méditation ne tarde pas à produire des effets qui peuvent être précieux pour soutenir les décideurs dans leur mission, ce qui suscite un réel enthousiasme.

ÉVITER LA FRUSTRATION DES PREMIERS PAS

> Un élève demande à son maître :
> « Maître, combien de temps me faudra-t-il
> méditer pour atteindre la sérénité ? »
> Après un long silence, le maître répond :
> « Trente ans. »
> L'élève accuse le coup :
> « Euh… C'est un peu long. Et si je mets les bouchées doubles,
> si je travaille dur, jour et nuit, si je ne fais plus que ça ? »
> Le maître garde le silence un très long moment et finit par lâcher :
> « Alors, cinquante ans… »[1]

Beaucoup de décideurs ont le goût de l'action et veulent voir rapidement les résultats de leurs efforts. Ils aiment atteindre les objectifs qu'ils se sont fixés, et c'est pour cette qualité qu'ils sont appréciés (et rémunérés !). Mais c'est aussi cette qualité qui les rend plus susceptibles que les autres de ressentir une certaine frustration lors d'une première expérience de méditation.

Comme nous le verrons plus tard, la méditation peut produire des effets rapides. Mais l'approcher avec une attitude trop déterminée, en rassemblant toutes ses forces comme pour mener une bataille, mène assez sûrement à un certain agacement voire à de la frustration. Par exemple, si la méditation est abordée avec volontarisme dans l'intention de calmer son esprit, alors l'exercice tourne vite à l'impasse et peut agacer.

1. Il s'agit d'une histoire existant dans de nombreuses versions. Celle-ci est donnée par Christophe André dans son livre *Méditer jour après jour. 25 leçons pour vivre en pleine conscience*, L'Iconoclaste, 2011, p. 16.

Il est vrai qu'une première expérience de méditation est souvent un vrai choc, car elle révèle l'agitation permanente dans laquelle nous nous trouvons. Dans le bouddhisme, l'esprit est d'ailleurs comparé à un singe qui saute constamment d'une branche à une autre, d'une pensée à une autre.

Le singe des décideurs dispose en général de beaucoup d'énergie et d'un grand nombre de branches sur lesquelles se déplacer. Entre appels à passer, clients à visiter, collaborateurs à soutenir, e-mails à écrire, réunions à préparer et déplacements à organiser, les pensées sont innombrables.

D'autres caractéristiques de la méditation peuvent également freiner les décideurs :

- Conserver une posture immobile : l'immobilité est un art difficile pour des personnes qui disposent d'une grande énergie. Il y a des formes de méditation qui n'imposent pas cela, comme la méditation en marchant, par exemple. L'objectif est de conserver une qualité de présence à soi-même quelle que soit l'activité. Mais pratiquer avec une posture fixe reste important, surtout au début, car cela permet de bien mesurer l'agitation de l'esprit. Un esprit agité dans un corps immobile ne passe pas inaperçu !
- Respirer consciemment : le métier de décideur s'appuie essentiellement sur une activité intellectuelle. Le travail manuel offre plus de possibilités de mettre l'esprit au repos (c'est pour cela qu'il est si apprécié des moines). Tenir une conversation, lire, écrire, analyser, convaincre sont autant d'activités qui demandent un certain effort intellectuel et tendent à nous faire oublier ce qui se passe dans notre corps. C'est seulement à la fin d'une journée de travail (dans le meilleur des cas !) que nous remarquons des tensions dans les épaules ou le dos. Notre respiration ne fait l'objet

d'aucune attention. Un certain temps de pratique est parfois nécessaire avant que nous puissions prendre conscience que nous respirons habituellement de façon superficielle (par opposition à une respiration profonde, abdominale).

Par-dessus tout, l'esprit de compétition des décideurs peut être à l'origine de difficultés. La passion de bien faire, mieux que les autres, est une belle qualité, mais dans la méditation, elle génère des tensions inutiles et des jugements sévères contre soi-même.

Les décideurs que Navi Radju et Prasad Kalpa appellent « *business smart leaders* » dans leur livre *From Smart to Wise*, en sont les proies idéales, car ils aiment les enjeux de taille, ont un esprit de compétition marqué, sont dynamiques et poursuivent leurs objectifs avec une grande intensité. (Par opposition, ce que les auteurs appellent les « *functional smart leaders* » apprécient moins le risque et préfèrent se concentrer sur une exécution efficace, et sur la qualité et la fiabilité des résultats.)[1]

Certains décideurs rencontrés font le compte régulier des heures qu'ils passent à méditer, poussés par une logique de performance quantitative, quand d'autres comme je le faisais lors de mes premières semaines de pratique – comparent leur « performance » avec les gens assis à côté d'eux. Et, si jamais ils

1. *From Smart to Wise : Acting and Leading with Wisdom,* Josey-Baro, 2013, location 446-465. Cette distinction entre ces deux types de décideurs se retrouve à plusieurs reprises dans ce livre, dont l'objectif est de démontrer que c'est la sagesse d'un manager, plus que son intelligence, qui fait la différence. Progresser vers la sagesse est un chemin différent pour ces deux types de managers, en raison de leurs différences de personnalité. À noter que Navi Radju est aussi l'auteur de *Jugaad Innovation* (traduction française : *Innovation Jugaad. Redevons ingénieux !*, Éditions Diateino, 2013), pour lequel il a reçu le Thinkers50 Innovation Award (voir *www.thinkers50.com*).

doivent bouger les premiers parce qu'ils ressentent une douleur dans les genoux, ils en sont alors déçus.

Faire le constat que l'esprit de compétition imprègne ainsi nos comportements n'est pas agréable, mais la méditation permet aussi de nourrir la compassion pour soi-même et de remplacer la culpabilité par l'acceptation de soi (voir la méditation sur l'acceptation à la fin de ce chapitre).

La voie vers la méditation est donc entravée d'obstacles, mais ils peuvent être évités en faisant preuve de vigilance.

RIEN À ATTEINDRE, RIEN À RÉUSSIR

> « La méditation est un basculement, un silence, une ouverture, donc une acceptation, un non-conflit. Ne méditez jamais contre… contre votre médiocrité, contre votre sentiment d'infériorité, contre votre non-libération. Ne méditez jamais contre quoi que ce soit, même contre les distractions. Et ne méditez jamais pour, c'est-à-dire pour un but dans le futur : pour ma libération, pour ma sagesse. »
>
> Arnaud Desjardins[1]

Un basculement s'opère quand les décideurs comprennent qu'ils peuvent mettre leur esprit de compétition au repos, car la méditation est une activité où il n'y a rien à atteindre ni à réussir.

Il est bien sûr légitime d'avoir des attentes dès que l'on fait l'effort de caler dans son emploi du temps des moments « à ne rien faire ». Même les moines espèrent que leur pratique portera ses fruits !

1. *Approches de la méditation*, Arnaud Desjardins, La Table Ronde, 1989, p. 39.

La démarche fondamentale pour transformer ce qui peut apparaître comme une lutte en une pratique détendue et apaisée est d'abandonner l'idée qu'il puisse y avoir une séance de méditation « ratée » ou « réussie ».

Dire qu'il n'y a pas de méditation réussie ou de méditation ratée revient à considérer que le seul fait de pratiquer est suffisant. « *Just sit* », affirment les maîtres zen japonais. L'essentiel est de pratiquer, quel que soit le nombre de fois où l'esprit se laisse emporter par des pensées – et même s'il n'y a aucun moment de calme au cours d'une session.

Pratique : par-delà la réussite et l'échec

À chaque fois que vous méditez, observez votre tendance à qualifier votre session de réussie (« pas mal aujourd'hui ! ») ou ratée (« je suis complètement passé à côté ! »).

Prenez conscience que ce sont juste des pensées parmi d'autres : vous pouvez les laisser filer pour revenir à votre souffle, au moment présent.

Cette approche de la méditation permet de ressentir un vrai soulagement : il y a désormais au moins un domaine de votre vie dans lequel il n'y a rien à atteindre, rien à comparer avec les autres. Il s'agit simplement de s'exercer à être présent, de porter attention à tout ce qui se présente, dans les pensées et dans le corps.

Les autres difficultés deviennent alors plus faciles à surmonter. La posture n'est plus une source de torture ni de tensions. Si vous avez besoin de bouger, ajustez votre posture ou même levez-vous un moment (mais faites-le alors en gardant la même qualité de conscience). Vous pourriez aussi découvrir que la méditation en marchant vous convient mieux. En ce qui concerne la respiration, si une technique ne vous convient pas, n'hésitez pas à en essayer une autre (il y a en fait beaucoup de manières de respirer).

À ce stade, le compétiteur qui est en vous pourrait être déçu et manquer de motivation. Soyez rassuré : si la méditation est une pratique simple, qui ne se prête pas à la recherche de succès ou à la comparaison, établir une pratique régulière prend parfois des allures de défi pour les décideurs à l'emploi du temps surchargé (voir chapitre 4).

Finalement, la principale motivation se trouve dans le soutien que la méditation peut apporter aux décideurs.

UN APPUI POUR LA MISSION PROFESSIONNELLE DU DÉCIDEUR

« J'ai commencé à méditer il y a 25 ans et je pratique depuis deux fois par jour. [...] La méditation est la chose la plus importante que j'ai faite pour améliorer mon leadership. Cette pratique m'a aidé à mieux me connaître, et à faire preuve de plus de compassion envers moi-même et envers les autres. Elle m'a aussi permis de rester calme et de penser clairement face à la pression et aux incertitudes. »

Bill George
Ancien PDG de Medtronics[1]

Tout d'abord, peut-on vraiment parler des bénéfices de la méditation ? N'est-ce pas aller à l'encontre de la recommandation de ne pas s'attacher à obtenir des résultats ?

Ne rien attendre en particulier de la méditation serait en effet plus en accord avec l'essence même de cette pratique. Mais ce n'est pas très réaliste pour la plupart des décideurs : qui serait déterminé à s'escrimer à trouver du temps pour pratiquer au cours de journées chargées sans rien en retirer ?

Cependant, si espérer retirer des bénéfices de sa pratique est légitime, cela ne doit pas être une fin en soi. Prendre soin chaque jour d'un arbre fruitier en se réjouissant de la future récolte est compatible avec une attitude détendue, prête à accepter toute configuration, d'une récolte généreuse à l'absence totale de fruits.

1. La première phrase est tirée de son livre *Authentic Leadership*, *op.cit.*, location 558, et les suivantes de l'article « Mindful Leadership: Compassion, contemplation and meditation develop effective leaders », *The European Financial Review*, 16 octobre 2010 (traductions de l'auteur).

Heureusement, il ne faut de toute façon pas attendre longtemps avant que la méditation fasse ses preuves. Ce constat est nettement apparu au cours des entretiens : même les décideurs initialement réticents à témoigner, au motif qu'ils ne pensaient pas avoir assez d'expérience, ont indiqué avoir rapidement remarqué les effets de leur pratique. Certains en ont même ressenti les effets dès les premières sessions, voire dès la première session.

Les recherches scientifiques les plus rigoureuses montrent que les premiers bénéfices de la méditation arrivent après une pratique régulière pendant plusieurs semaines – ce qui est presque immédiat à l'échelle d'une vie ! C'est pourquoi plusieurs programmes d'introduction invitent les participants à pratiquer pendant trois mois environ, durant lesquels une courte séance d'instruction hebdomadaire est accompagnée d'une pratique personnelle quotidienne. Plusieurs programmes ont été conçus selon ce modèle, comme le programme MBSR (voir ci-dessous). D'autres programmes ont été plus particulièrement pensés pour l'entreprise ou pour les décideurs dans une perspective de développement du leadership (par exemple celui de l'organisation danoise Potential Project, disponible dans de nombreux pays)[1].

1. Beaucoup d'informations utiles sont disponibles *sur www.potentialproject.com*. Potential Project propose une initiation sur dix semaines environ, à raison de 2 heures par semaine, et recommande une pratique quotidienne de 10 minutes, sous la forme de « *mindful breaks* » (pauses de pleine conscience).

Pour aller plus loin : le programme MBSR

Le protocole le plus connu pour étudier les effets à court terme de la méditation est le programme appelé *Mindfulness-Based Stress Reduction* (MBSR), reparti sur 8 semaines. C'est un programme conçu initialement pour réduire la souffrance dans un contexte thérapeutique (douleurs chroniques, traitement contre le cancer, anxiété, dépression).

S'inspirant de la tradition bouddhiste, ce programme est toutefois entièrement laïc. Il comprend trois types de pratique : la méditation assise, le *body scan* (attention portée successivement à chaque partie du corps) et des mouvements corporels faits en conscience (une pratique proche du yoga).

La plupart des études sur le programme MBSR se sont concentrées sur les effets médicaux et montrent des bénéfices possibles dans toutes sortes de conditions.[1] Mais le programme offre aussi aux scientifiques un protocole standardisé très structuré pour étudier les effets à court terme de la méditation chez des personnes en bonne santé.

Quels sont les bienfaits que les décideurs peuvent attendre de la méditation dans un temps relativement court (première étape sur le chemin représenté ci-dessous) ?

1. Une bonne vue d'ensemble peut être trouvée dans l'article suivant : « Mindfulness-Based Interventions for Physical Conditions: A Narrative Review Evaluating Levels of Evidence », Linda Carlson, International Scholarly Research Network, *ISRN Psychiatry*, Volume 2012, Article ID 651583.

En voici quatre :

- Une connaissance de soi plus fine.
- Une capacité renforcée à se concentrer et un sens plus aigu des priorités.
- Des moments de ressourcement ou même de profonde régénération au milieu de journées et de semaines chargées, ce qui contribue à la diminution du niveau général de stress.
- La capacité à ne plus se laisser entraîner dans des réactions émotionnelles quasi-automatiques, contribuant à une prise de décision plus équilibrée.

Cela peut sembler décalé par rapport aux responsabilités liées au leadership tel qu'il est classiquement entendu : fixer une direction et des objectifs, et motiver ses collaborateurs pour y parvenir.

Mais imaginons quelques minutes un décideur qui ne serait pas suffisamment conscient de ses zones d'ombre, sujet à des débordements émotionnels réguliers, et qui contaminerait par son stress ses collaborateurs (une fiction qui est parfois proche de la réalité !). Sera-t-il vraiment en mesure de fixer la direction la plus pertinente pour son équipe ou son organisation ? Et, même si c'est le cas, ses collaborateurs auront-ils envie de le suivre ?

La pratique de la méditation permet d'établir un leadership sain, c'est-à-dire qui ne crée pas de dégâts. C'est certainement moins enthousiasmant qu'un leadership inspirant, dont il sera question dans le prochain chapitre, mais il existe tellement de décideurs qui détruisent plus de valeur qu'ils n'en créent pour leur équipe ou leur organisation, que c'est déjà une belle avancée qui réplique à une échelle individuelle la devise de Google : « La première priorité est de ne pas faire de mal » (« *First don't be evil !* »).[1]

Des nombreux livres sur le leadership (plusieurs dizaines de nouveautés sont publiées chaque année, sans compter les parutions à compte d'auteur), une tendance a émergé ces vingt dernières années aux États-Unis : le leadership de soi-même (*self-leadership*).

Le *self-leadership*, par opposition au *one-to-one leadership* (qui s'applique à chaque collaborateur individuellement) ou au *team leadership* (en équipe), consiste à diriger intentionnellement nos pensées et nos comportements vers l'accomplissement de nos objectifs. L'idée centrale du *self-leadership* est que l'on doit d'abord apprendre à se diriger soi-même avant de diriger les autres. La démarche est avant tout basée sur une connaissance de soi plus fine.

Malheureusement, la connaissance de soi n'est pas toujours une priorité pour les décideurs. Pourtant, elle est probablement encore plus nécessaire aujourd'hui que dans le passé : les collaborateurs les plus doués – et pas seulement ceux issus de la

1. « *Don't be evil* » est un slogan de Google qui aurait été proposé d'abord de façon informelle au début de la décennie 2000, et qui a été repris dans une lettre des fondateurs lors de l'introduction en bourse en 2004 (un document appelé par la suite le Manifeste *Don't be evil*). Que Google incarne ou non ce slogan est un autre sujet.

fameuse génération Y – semblent de moins en moins disposés à tolérer des supérieurs hiérarchiques qui créent des dégâts autour d'eux faute de conscience suffisante de leurs zones d'ombre.

UNE CONNAISSANCE DE SOI PLUS FINE

« Être humain, c'est accepter de se confronter à nos égarements au lieu de fermer les yeux pour ne pas altérer les rêves que nous sommes en train de nous construire. »
Fabrice Midal[1]

Loin d'être une échappatoire, la méditation revient à se placer devant un miroir. Nous avons beau ne pas aimer les pensées et les émotions que nous observons, elles sont bien là.

Plus les responsabilités sont exercées à un haut niveau dans l'organisation, plus ce miroir est utile, les collaborateurs osant de moins en moins donner un feedback authentique sur ce qu'ils perçoivent de leur dirigeant. Ils ont également tendance à lui épargner les mauvaises nouvelles (ou plutôt à s'épargner le risque d'être celui qui va communiquer les mauvaises nouvelles). C'est ce qu'Annie Mc Key et Richard Boyatzis qualifient de « maladie des PDG » (*CEO disease*) dans leur livre *The New Leaders*[2].

Observer session après session l'agitation de l'esprit est déjà un enseignement : l'esprit ne cesse de vagabonder. S'il erre autant durant les séances de méditation, c'est aussi le cas au

1. *Risquer la liberté*, Fabrice Midal, Seuil, 2012, p. 210.
2. *The New Leaders: Transforming the Art of Leadership*, de Richard E. Boyatzis and Annie McKee , Sphere, 2012 (pas de traduction française).

cours de nos activités professionnelles : lors de conversations avec nos collaborateurs, pendant nos réunions, lorsque nous prenons un temps de réflexion sur la stratégie à mener (et sans doute aussi quand, à la fin de notre journée, nous écoutons notre conjoint nous raconter sa journée).

Ce qui pourrait être un constat alarmant est en fait une invitation à mettre plus de conscience et de présence dans tout ce que nous faisons.

La connaissance de soi qu'offre la méditation passe principalement par l'observation des pensées qui se présentent les unes après les autres. Comme Meng, auteur de *Search Inside Yourself*, aime à l'énoncer avec humour dans un langage d'ingénieur, nous voyons ces pensées avec « une résolution plus grande »[1].

Des pensées et des émotions parfois peu agréables

Certaines pensées et émotions révèlent une partie de soi-même peu flatteuse, que l'on ne connaissait pas jusque-là (ou que l'on tendait à masquer). Nous pouvons apparaître plus agressifs, inquiets, jaloux, obsédés par la reconnaissance, le pouvoir ou l'argent que l'on ne s'imaginait. Se construire une image de soi avantageuse est relativement facile, mais les pensées et les émotions qui remontent à la surface pendant la pratique de la méditation ne trompent pas. Elles offrent une vérité complémentaire sur soi-même.

Quel est toutefois l'intérêt de porter son attention sur sa part d'ombre ?

1. *Search Inside Yourself*, *op.cit.*, location 208 et location 1182.

Tout d'abord, cela entretient l'humilité, une dimension essentielle du leadership comme le souligne Jim Collins, dans son livre *Good to Great*, un des livres les plus convaincants sur le leadership, basé sur une recherche approfondie portant sur plusieurs dizaines d'entreprises. Le plus haut niveau de leadership, qu'il qualifie de « Leadership de niveau 5 » (*Level 5 leadership*), est atteint selon lui par les décideurs qui combinent humilité personnelle et ambition pour leur équipe ou leur organisation.[1]

Ensuite, cet effort de connaissance rend plus compréhensibles les zones d'ombre de ses collaborateurs. Il devient difficile de juger sévèrement leurs défauts après avoir vu les siens avec clarté !

Enfin, cette conscience de soi est une porte d'entrée à un développement authentique. Le processus d'individuation cher au psychiatre suisse C. G. Jung, par lequel on devient pleinement humain, suppose d'intégrer son « ombre », de s'ouvrir à son propre inconscient et de rendre conscientes les dispositions et les qualités qu'il contient.[2] Par ailleurs, se retrouver régulièrement face à ses propres faiblesses incite à agir pour y remédier.

---

1. *Good to Great : Why Some Companies Make the Leap... And Others Don't,* Jim Collins (traduction française : *De la performance à l'excellence: devenir une entreprise leader*, Village Mondial, 2013).
2. C. G. Jung ne mentionne pas la méditation comme voie d'accès à l'inconscient, et privilégie nettement l'analyse des rêves et de leurs symboles. Ses travaux ont toutefois été menés à une époque où la méditation était encore très peu pratiquée en Occident ; le lien entre méditation et révélation de l'inconscient mériterait maintenant davantage de travaux. Pour des précisions sur le processus d'individuation, voir la partie « Le processus d'individuation » écrite par Marie-Louise von Franz dans le très beau livre *L'Homme et ses symboles* (Robert Laffont, 1964), qui débute par *L'Essai d'exploration de l'inconscient* de C. G. Jung.

La rencontre avec ses zones d'ombres peut être jugée douloureuse, voire destructrice. Mais la vérité sur soi-même ne peut pas détruire, à condition d'apprendre à s'accepter.[1]

Le courage de regarder ses traits de caractère les moins flatteurs ne doit pas s'accompagner d'une sévérité de jugement. Pour beaucoup de décideurs, ce n'est pas facile. Nombreux sont ceux qui ne s'acceptent pas, en particulier les jeunes cadres très performants (souvent identifiés comme *high potentials* dans les organisations). Ils sont si exigeants avec eux-mêmes qu'ils ont pris l'habitude de se critiquer constamment, parfois avec violence.[2]

Faites le test. Pendant une ou deux semaines, notez vos pensées sur vous-même. Vous serez peut-être choqués de la sévérité de vos conversations intérieures. Car, si vous aviez un ami venant vous dire à longueur de journée que vous êtes un incapable, un imposteur et que vous ne serez pas au niveau, que feriez-vous ? Pour certains, la conclusion est claire : prendre de la distance.

Le processus même de la méditation est ici très utile, car il crée une certaine distance avec ses pensées et émotions, ce qui aide à les accepter.

1. Dans le champ de la thérapie, la question est débattue de savoir si la méditation est adaptée aux personnes dépressives au sens clinique. C'est une question dont je ne suis pas spécialiste, mais qui ne concerne de toute façon qu'une minorité de décideurs en poste.
2. Pendant des années, dans mon travail d'accompagnement, j'ai utilisé un test de personnalité (Harrison Assessments) qui indiquait, entre autres dimensions, le degré d'acceptation de soi (*self-acceptance*). J'ai été frappé par la proportion importante des décideurs qui avaient un niveau bas ou très bas d'acceptation d'eux-mêmes.

Pratique : observer et accepter les pensées que nous n'apprécions pas

Première étape

Réglez votre réveil pour une période de 5 ou 10 minutes de méditation, telle qu'elle a été présentée au début du deuxième chapitre, ou telle que vous l'avez apprise. À ce stade, ne vous préoccupez pas de vos pensées : laissez-les aller et venir en revenant au moment présent et à votre respiration chaque fois que vous êtes distrait.

Quand le réveil sonne, prenez quelques minutes pour écrire sur une feuille ou un carnet les pensées que vous avez vu passer, particulièrement celles que vous n'appréciez pas. Puis choisissez-en une qui vous déplaît vraiment. Si vous n'en trouvez pas dès la première expérience, répétez le même processus à chaque fois que vous méditez.

Deuxième étape

Avec la pensée (ou l'émotion) que vous avez identifiée, pratiquez l'exercice suivant :

À chaque inspiration, reconnaissez-la en vous (« J'observe cette pensée en moi »).

À chaque expiration, répétez-vous que vous vous acceptez pleinement tel que vous êtes à ce stade de votre vie.

Cette pratique ne mène pas à la complaisance (« Je suis comme je suis, c'est tout ! »), mais à une acceptation de soi saine, une conscience que nous ne pourrions pas être autre que la personne que nous sommes aujourd'hui, et fait émerger en même temps un élan pour continuer à progresser à la fois en tant qu'être humain et décideur.

Les pensées et les émotions récurrentes

Les pensées et émotions récurrentes sont des indications de ce qui compte pour nous en ce moment, de ce que nous avons littéralement « à l'esprit », mais qui peut être masqué par l'agitation de la vie quotidienne. Elles peuvent nous éclairer sur nos motivations profondes.

Par exemple, ceux qui attachent beaucoup d'importance à la reconnaissance dans le futur (désir d'être reconnu ou peur de ne pas l'être) ou dans le passé (plaisir d'avoir obtenu de la reconnaissance ou déception de ne pas avoir été reconnu alors que nous pensions le mériter) observeront des pensées récurrentes liées à ce besoin.

La recherche de reconnaissance chez un décideur n'est pas malsaine, mais la fréquence de ces pensées est l'indice que cette aspiration pourrait avoir une influence excessive sur ses actions, sans que celles-ci soient forcément dans le meilleur intérêt des équipes, de l'organisation et de lui-même.

Les pensées et émotions récurrentes sont comme des messagers. Libre à nous de recevoir leur message...

Réflexion : accueillir les messagers

Prenez quelques minutes pour noter les pensées et émotions qui surgissent fréquemment lorsque vous méditez. Sont-elles porteuses d'un message pour vous ? Quel pourrait être ce message ?

Une source prolifique de conscience de soi

De façon générale, au-delà des pensées, la méditation est une source de conscience de soi. En ralentissant et en portant son attention vers soi-même, des choses que nous ne remarquions jamais apparaissent. C'est comme si nous passions temporairement d'une voiture lancée à 150 km/h dans la campagne à un vélo : nous pouvons mieux apprécier le paysage.

Le niveau d'énergie, notamment, est mieux perçu. Si, comme c'est le cas pour certains des décideurs rencontrés, vous tombez de sommeil à chaque fois que vous essayez de méditer, c'est peut-être le signe que votre corps est épuisé, qu'il ne tient en temps ordinaire que grâce à l'adrénaline procurée par l'action quotidienne.

Comme le soulignent les auteurs Jim Loehr et Tony Schwartz dans *The Power of Full Engagement*, gérer son énergie avec attention est en fait bien plus important que gérer son temps.[1] Beaucoup de décideurs utilisent leur corps comme un cheval qu'ils poussent à bout de forces pour aller le plus loin possible. Le problème, c'est qu'il n'y a pas de cheval de rechange qui les attend au relais d'étape (sauf à croire à la réincarnation, mais il s'agit alors d'une étape assez longue !).

Dans certains cas, la pratique de la méditation au cours d'une retraite offre une prise de conscience majeure, un regard neuf sur des difficultés rencontrées. Tel Ryuichi, ce PDG d'une entreprise japonaise qui, confronté à un turnover élevé dans ses équipes, pensait initialement que le problème résidait dans l'organisation adoptée. Lors d'une première retraite, à laquelle il participait sur l'invitation d'un de ses amis, il lui est devenu évident que la clef se trouvait plutôt du côté de son style de leadership et qu'il devait l'ajuster rapidement. Il a alors trouvé le courage de partager cette conclusion avec son équipe et ce fut le point de départ d'un processus de transformation qu'il juge maintenant essentiel à son succès.

Le rôle de la méditation dans la connaissance de soi doit toutefois être nuancé : aussi riche soit-elle, ce n'est pas la seule source dans laquelle nous pouvons puiser en tant que déci-

---

1. *The Power of Full Engagement: Managing Energy, Not Time, Is the Key to High Performance and Personal Renewal*, de Jim Loehr et Tony Schwartz, Free Press, 2003 (traduction française: *Le Pouvoir de l'engagement total*, AdA éditions,2005).

deurs. Notre regard sur nous-mêmes est par nature si faussé que le feedback régulier de nos collaborateurs et collègues, et les outils d'évaluation (360 et autres) restent précieux. Beaucoup d'autres chemins de connaissance de soi sont aussi disponibles. Le livre de C. G.Jung intitulé *L'Homme à la découverte de son âme* est passionnant sur ce thème.

UNE PLUS GRANDE CAPACITÉ DE CONCENTRATION

> « Diriger l'attention là où elle doit aller est une tâche fondamentale du leadership. »
> Daniel Goleman[1]

La méditation est un entraînement de l'esprit : observer ses pensées qui vont et viennent, et replacer à chaque fois son attention sur le moment présent. Au cours d'une session de 10 minutes, ces allers-retours peuvent se produire des dizaines de fois.

La capacité à être conscient dès que l'attention flotte, et à la recentrer dans une direction particulière, se retrouve ensuite dans les activités quotidiennes. En tant que décideurs, notre capacité à garder notre attention sur la tâche en cours est cruciale. Certains sont assez fiers de leur aptitude à faire plusieurs choses à la fois (*multitasking*) – pouvoir jongler avec plusieurs balles est en effet excitant –, mais ils doivent avoir conscience que cela a un coût.

D'abord, reprendre une tâche après une interruption demande du temps. Chaque pause (par exemple répondre à un texto alors que l'on est en train de corriger un document) nécessiterait environ une minute pour revenir à la tâche

1. *Focus: The Hidden Driver of Excellence*, Harper, 2013. Daniel Goleman est un des pionniers de l'application de l'intelligence émotionnelle à l'entreprise. *Focus* est son ouvrage le plus récent.

précédente. Certaines études ont montré que plusieurs heures seraient ainsi perdues par semaine.

Plus généralement, comme l'explique Jeremy Hunter, professeur à la Peter Drucker Graduate School of Management, « quand les participants à mon programme – des cadres expérimentés – se penchent réellement sur la question, ils constatent que le *multitasking* les rend inefficaces, irrite profondément les gens avec qui ils travaillent, et les laisse désorientés et décentrés à la fin d'une journée. Ce mouvement de bascule frénétique entre deux ou plusieurs tâches enlève toute satisfaction »[1]. Il rappelle que les travaux du psychologue Mihaly Csikszentmihalyi sur l'état de *flow* – un état optimal de motivation intrinsèque, où l'individu est entièrement immergé dans son activité – montrent que la concentration en est un facteur indispensable.[2]

Mais le principal coût d'un déficit d'attention est probablement une érosion de la confiance et de l'engagement des collaborateurs. Savoir accorder son attention aux personnes avec qui il travaille fait partie du métier de décideur. Avez-vous déjà observé un de vos patrons consulter des documents, regarder son écran, ou laisser son regard filer par la fenêtre tandis que vous lui parlez ? Vous souvenez-vous du sentiment que ce comportement a fait naître en vous ? Quelle confiance mérite un décideur qui ne sait pas accorder son attention à ses collaborateurs ?

---

1. *Working with mindfulness*, *op. cit.*, location 132-148.
2. Dans son œuvre fondatrice, *Vivre : la psychologie du bonheur*, Mihaly Csikszentmihalyi présente sa théorie selon laquelle les individus sont les plus heureux lorsqu'ils sont dans un état de *flow*. L'état de *flow* est un état optimal de motivation intrinsèque, où l'individu est entièrement immergé dans son activité. C'est un sentiment que chacun peut éprouver, caractérisé par une grande impression de liberté, de joie, d'accomplissement et de compétence, et durant laquelle le temps semble disparaître (ce court résumé est largement inspiré de l'article de Wikipedia sur Mihaly Csikszentmihalyi).

Expérience

À la fin de votre prochaine conversation avec un collaborateur, prenez quelques minutes pour tracer la courbe de votre attention sur un graphique.

Peut-être ressemblera-t-elle à celle-ci :

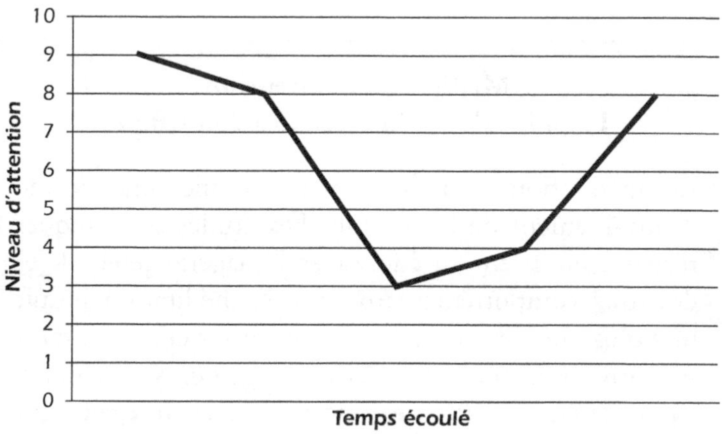

Un tel constat amène à se poser deux questions :

À quel point la confiance a-t-elle été érodée lorsque l'attention était au plus bas ?

Et surtout, quelle dose de confiance supplémentaire aurait pu être créée en maintenant l'attention au plus haut ?

Développer sa capacité à rester concentré signifie plus d'efficacité mais aussi plus de présence accordée à ses collaborateurs. Plusieurs des décideurs interrogés, comme Yann, en ont pris conscience au point qu'ils prennent régulièrement quelques minutes pour méditer entre deux rendez-vous, afin d'être pleinement présent pour le suivant.

La pratique de la méditation aide à :

- remarquer plus rapidement les moments où nous perdons notre concentration ;
- décider alors de nous concentrer de nouveau ou, comme l'a bien exprimé Xandra, de « choisir intentionnellement une distraction ».

Méditation et attention
Le point de vue d'un neuroscientifique

La méditation peut être vue comme une forme d'entraînement de l'attention. Les études scientifiques récentes montrent en effet, avec l'imagerie cérébrale et des tests comportementaux, que la méditation induit une plus grande capacité à se concentrer et à maintenir son attention, associée à des changements cérébraux. Cette capacité d'attention accrue pourrait également contribuer à l'augmentation d'affect positif observée chez les méditateurs.

La régulation de l'attention comprend au moins trois composantes différentes : prise de conscience, réorientation (déplacement de l'attention vers un autre objet), et gestion de conflit (concentration et maintien de l'attention). Des tests cognitifs comme le *Attention Network Test* (ANT) permettent d'évaluer séparément ces composantes, qui impliquent des régions différentes du cerveau.

Par exemple, une étude a montré que vingt minutes de *Integrative Body-Mind Training* (IBMT) par jour suffisent pour induire une amélioration de la performance dans la partie « gestion de conflit » du test ANT (Tang 2007).

☞

D'autres études montrent, à l'aide de l'imagerie par résonance magnétique, des changements structurels et fonctionnels dans des régions du cerveau associées à la régulation de l'attention, même après un entraînement relativement court (Lutz 2008a).

Par ailleurs, deux études portant sur des méditateurs ayant passé trois mois de retraite de méditation intensive (*vipassana*) sont particulièrement instructives.

Dans la première étude, les chercheurs ont mesuré le « *attentional blink* » : une personne à qui l'on présente des *stimuli* (par exemple des lettres) qui défilent rapidement et à qui l'on demande de prêter attention à deux « cibles » particulières (T1 et T2) ne détecte pas T2 si le temps écoulé entre T1 et T2 est trop court (quelques centaines de millisecondes). Tout se passe comme si le cerveau déjà occupé à détecter T1 n'avait pas, pendant ce court instant, les ressources attentionnelles nécessaires pour détecter T2. Les résultats de l'étude montrent que le « *attentional blink* » était réduit chez les méditateurs après trois mois de pratique comparé à celui d'avant la retraite. De plus, l'IRM montre une réduction de l'allocation de ressources à la première cible T1, et une corrélation significative entre la réduction du « *attentional blink* » et la réduction de l'allocation de ressources (Slagter 2007). Les auteurs concluent que l'entraînement mental peut conduire à un meilleur contrôle de la distribution de ressources cérébrales limitées (Slagter 2007).

Dans la deuxième étude, les chercheurs ont utilisé l'électro-encéphalogramme et la mesure de temps de réaction chez des sujets auxquels on demandait de prêter

☞

attention a des *stimuli* sonores spécifiques. Après trois mois de retraite intensive, les participants montrent une capacité accrue à maintenir leur attention, mesurée à la fois par EEG et par une réduction de variabilité dans les temps de réaction (Lutz 2008b).

Enfin, une étude récente publiée dans le journal *Science* suggère que la capacité à rester concentré contribue peut-être à nous rendre heureux. En utilisant une application mobile sur iPhone, les chercheurs ont demandé aux participants quelle était leur activité en cours et leur état d'esprit à des moments aléatoires pendant leur journée. Les résultats montrent qu'en moyenne l'esprit vagabonde (absence de concentration) pendant 47 % de notre temps, et que ce vagabondage s'accompagne la plupart du temps d'émotions négatives (Killingworth et Gilbert 2010).

Pour évaluer par vous-même comment la pratique de la méditation peut développer la capacité de concentration, une autre expérience est proposeé ci-après.

Quelle que soit sa capacité à maintenir son attention, tout décideur est susceptible d'être confronté à de nombreuses interruptions. Certaines peuvent être éliminées assez facilement en changeant ses habitudes (comme celle consistant à consulter ses e-mails 15 ou 20 fois par jour), mais d'autres sont difficiles à écarter, comme les appels impromptus de clients, ou les collaborateurs se présentant avec une demande d'aide ou une question.

Expérience

Identifiez une tâche pour laquelle vous savez que vous avez tendance à être distrait facilement. Par exemple, beaucoup de décideurs disent manquer de concentration lorsqu'ils s'engagent dans une tâche demandant de la créativité (comme l'élaboration d'une stratégie innovante).

Faites une courte séance de méditation juste avant de débuter cette tâche (souvenez-vous, vous n'avez pas à vous asseoir les jambes croisées dans votre bureau), puis décidez d'avoir comme objectif de garder cette attention pendant que vous accomplirez cette tâche. En quelque sorte, la méditation se poursuit : à chaque fois que vous remarquez que votre attention flotte, dirigez-la de nouveau vers la tâche en question, avec douceur mais fermeté.

Les interruptions ne devraient d'ailleurs pas être qualifiées comme telles. Doug Conant, ancien PDG de Campbell, souligne qu'il faut plutôt les envisager comme des instants où il est possible de « toucher » son interlocuteur (*touchpoints*). Auteur du livre *Touchpoints. Creating Powerful Leadership Connections in the Smallest of Moments*, il attribue une bonne partie de son succès à sa capacité à dégager le maximum de valeur de ces multiples interactions courtes.[1] Pour lui, « chacune des interactions qu'un décideur a avec les autres pendant une journée de travail donne une occasion de "toucher"

1. *TouchPoints : Creating Powerful Leadership Connections in the Smallest of Moments*, de Douglas Conant et Mette Norgaard, Jossey-Bass, 2011, location 457-471 (pas de traduction française).

quelqu'un : influencer, guider, aider à clarifier, inspirer, stimuler, et finalement changer le cours des événements ».

« Que se passerait-il, demande-t-il, si les décideurs arrêtaient d'essayer de pourchasser les urgences et les interruptions comme des moustiques, et les utilisaient plutôt comme des occasions d'exercer une influence. Et si un vrai leadership pouvait s'exercer dans ces centaines d'interruptions qui parsèment nos journées ? »

Enfin, pour terminer sur ce que la méditation apporte à la concentration, une distinction intéressante se dégage de la pratique, entre une attention tendue et une attention détendue. Une attention tendue, comme lorsque nous fronçons les yeux pour regarder quelque chose avec intensité, nous fatigue rapidement, et peut être intimidante pour les autres. Une attention détendue, en revanche, à laquelle nous entraîne la méditation, est plus confortable et peut être maintenue plus longtemps. Une métaphore traditionnelle illustre ce point : les cordes d'un instrument ne doivent pas être trop tendues car elles risquent de se briser, et ne produisent pas le meilleur son.

SE LIBÉRER DES RÉACTIONS ÉMOTIONNELLES AUTOMATIQUES

> « Entre un stimulus et une réponse, il y a un espace. C'est dans cet espace que se trouve notre pouvoir de choisir une réponse. Et c'est dans cette réponse que se trouvent notre croissance et notre liberté. »
>
> Victor Frankl[1]

1. Viktor Frankl (1905-1997) était un professeur autrichien de neurologie et de psychiatrie. Il est le créateur d'une thérapie qu'il a baptisée « logothéra-

Imaginez la scène suivante : un collaborateur se présente dans votre bureau pour vous parler d'un dossier que vous lui aviez confié et sur lequel il est en difficulté. Il vous informe que les choses n'avancent pas convenablement et qu'il ne sait comment procéder. Vous êtes agacé, ou ennuyé, car vous comptiez vraiment sur lui. Heureusement, vous avez une idée de la marche à suivre (vous avez occupé son poste dans le passé, donc vous comprenez bien la situation). Comment réagissez-vous ? Que lui dites-vous ?

Plusieurs décideurs rencontrés au cours de la préparation de ce livre ont cité un cas similaire, et ont parlé de leur tendance immédiate à monter en première ligne, motivés soit par la peur que les choses tournent mal, soit par l'agacement, soit par la volonté de prouver leur valeur en tant que manager. Certains se sont même aperçus, grâce à leur pratique de la méditation, que cette volonté de faire la preuve de leur valeur était le facteur dominant dans leur décision immédiate de reprendre le dossier en mains. Leur intention d'aider était sincère, mais ils ont vu aussi la peur – d'abord inconsciente – de voir leur crédibilité entamée s'ils ne réglaient pas le problème de leur collaborateur.

Leur pratique de la méditation leur a permis de prendre plus facilement quelques secondes de recul par rapport à leurs émotions, et d'ouvrir leur champ de vision sur d'autres options. Prendre un temps pour poser des questions qui aident leur collaborateur à identifier de nouvelles voies de résolution de leur problème (passage à un mode coaching), par exemple, est sou-

pie » qui prend en compte le besoin de sens et la dimension spirituelle de la personne. Le principal ouvrage de Frankl, dont la force vient notamment de l'expérience de l'auteur dans un camp de concentration, est *Découvrir un sens à sa vie : avec la logothérapie* (Éditions de l'homme, 2005). Près de 10 millions d'exemplaires en auraient été vendus dans le monde.

vent une option qui crée davantage de valeur pour le développement professionnel des collaborateurs. Et évite au passage de se retrouver avec un problème de plus à régler.

Cet exemple montre que lorsque nous sommes sur un mode réactif, conduits par des émotions ou des besoins, nous négligeons une partie de la palette des options, au risque de nous laisser embarquer vers des décisions qui ne sont pas optimales.

À noter que ce constat ne date pas d'hier : une bonne partie des réflexions des philosophes de l'Antiquité, grecs et romains, se portait sur l'idéal de se libérer des passions et des émotions excessives. L'équanimité était un art hautement valorisé par les stoïciens en particulier.

La pratique de la méditation fonctionne comme un « coupe-circuit », qui aide à préserver les quelques secondes nécessaires pour éviter de réagir en pilote automatique. Il suffit parfois de quelques secondes de lucidité pour éviter de se faire embarquer par la peur, l'agacement ou la colère qui monte, et garder une bonne perspective d'ensemble sur toutes les options disponibles. La capacité à garder une vue d'ensemble (*big picture*) était d'ailleurs mentionnée par plusieurs décideurs du monde de la finance dans l'article du *Financial Times* intitulé « Zen and the art of management ».[1]

Parvenir à se libérer plus facilement des réactions émotionnelles automatiques développe une qualité de leadership : la flexibilité ou l'agilité. La flexibilité est la capacité à danser avec la musique qui se présente plutôt que répéter les mêmes gestes quelle que soit la musique. Elle permet d'identifier les meilleurs choix. Elle n'est jamais acquise, mais chaque expérience de

1. « Zen and the art of management », John Paul Rathbone, *Financial Times*, 16 septembre 2013.

flexibilité où nous nous observons répondre à la situation plutôt que réagir est une source de satisfaction.

Cela peut même ressembler à une vraie libération. Les schémas émotionnels trop rigides sont une prison dans la mesure où ils nous confinent dans une gamme de comportements trop étroite. Le cas de managers intellectuellement brillants dont la carrière a été enrayée en raison de comportements émotionnels excessifs est bien connu.

Méditation et régulation des émotions
Le point de vue d'un neuroscientifique

Les scientifiques pensent que la méditation affecte la régulation des émotions par deux mécanismes principaux : la capacité à réguler l'attention et le développement d'un état de détente. Développer la capacité à se concentrer et à maintenir cette concentration aide à voir les émotions plus clairement sans être emporté par elles. Un état de détente réduit la réactivité aux *stimuli* émotionnels. Les scientifiques, à l'aide de l'imagerie cérébrale, commencent tout juste à identifier les réseaux neuronaux associés à ces mécanismes et leur rôle dans la régulation des émotions.

Avant même que les chercheurs commencent à s'intéresser aux effets de la méditation sur le cerveau, ils tentaient déjà d'identifier les mécanismes cérébraux associés aux émotions et la régulation des émotions. Il s'agit d'un large champ de recherche en neurosciences – *affective neuroscience* en anglais – et en psychologie, ce qui n'est pas surprenant étant donné l'importance des émotions dans la vie quotidienne.

Les émotions mettent en jeu des réseaux complexes impliquant de nombreuses structures du cerveau. Certaines structures, en particulier celles faisant partie du système dit « limbique », jouent un rôle primordial dans la *génération* des émotions. Par exemple, les amygdales sont associées à l'identification de *stimuli* qui ont une importance émotionnelle forte, en particulier les dangers. D'autres structures, telles que l'hippocampe (mémorisation et rappel des souvenirs) ou l'insula (sensations corporelles associées aux émotions), jouent également un rôle important.

Par ailleurs, un autre groupe de structures cérébrales, apparues plus récemment lors de l'évolution, joue un rôle clé dans la *régulation* des émotions. La plupart de ces structures se trouvent dans le lobe frontal (juste derrière notre front), comme le cortex préfrontal (impliqué dans de nombreuses fonctions de haut niveau comme la planification et l'anticipation des conséquences de nos actions) et le cortex cingulaire antérieur (conscience et perception subjective des émotions).

Les chercheurs ont commencé ces dernières années à étudier les effets de la méditation sur la régulation des émotions. Ces études utilisent principalement l'IRM pour détecter des changements de structure (IRM anatomique), de fonction (IRM fonctionnelle pendant la présentation de *stimuli* émotionnels) et de connectivité cérébrale (IRM de diffusion et IRM fonctionnelle à l'état de repos). Ces études montrent des changements intéressants dans certaines des régions du cerveau mentionnées ci-dessus.

☞

Par exemple, des chercheurs ont étudié des participants à la formation MBSR par IRM fonctionnelle. Ils montrent entre autres une altération de l'activation cérébrale dans l'amygdale en réponse à des images émotionnelles, suggérant que même un entraînement court suffit à modifier la réponse du cerveau à une stimulation émotionnelle. Un point intéressant est que certains des changements observés persistent même quand les participants ne sont plus en train de méditer (Desbordes 2012).

Une autre équipe a mesuré par IRM les changements anatomiques dans le cerveau après une formation MBSR. Après huit semaines de formation, plusieurs régions du cerveau voyaient leur concentration en matière grise augmenter par rapport à des participants sur liste d'attente pour la même formation. Les régions en question sont impliquées dans l'apprentissage et la mémorisation, mais aussi la régulation des émotions, les processus de référence à soi-même et la prise de perspective (Holzel 2011).

Des études similaires ont été menées chez des méditants expérimentés, hommes et femmes, moines et pratiquants laïcs du bouddhisme tibétain. Ceux-ci ont été étudiés par IRM fonctionnelle pendant qu'ils pratiquaient une méditation avec attention focalisée. Pendant l'examen IRM, on leur faisait entendre différents sons à charge émotionnelle positive (babillement de bébé), neutre (bruit de restaurant) ou négative (cris de détresse d'une femme). Les résultats montrent que les méditateurs chevronnés avaient moins d'activation cérébrale dans les régions associées aux pensées discursives et aux émotions, et plus d'activation dans les régions associées à

☞

☞

l'attention et à l'inhibition de la réponse émotionnelle, par rapport à des méditateurs débutants (Brefczynski-Lewis 2007).

Par ailleurs, plusieurs études récentes ont mis en évidence des changements structurels dans le cerveau de méditateurs expérimentés. Par exemple, les chercheurs ont trouvé une densité plus importante de matière grise dans l'hippocampe et le cortex frontal de méditateurs que dans ceux des non-méditateurs (Luders 2009).

Enfin, la recherche indique clairement que la pratique de la méditation développe des traits de caractère plus positifs.

Par exemple, dans une fameuse étude de participants MBSR chez des employés d'une entreprise, Richard Davidson, Jon Kabat-Zinn et leurs collègues montrent par EEG une augmentation significative d'activation cérébrale du côté gauche du cortex préfrontal chez les participants MBSR. Une telle asymétrie gauche-droite dans l'EEG est associée à un affect positif. De plus, les participants MBSR ont vu leur trait d'affect négatif diminuer (mesuré avec un questionnaire appelé le *Spielberger State-Trait Anxiety Inventory*) (Davidson 2003).

Il faut souligner que la méditation n'est évidemment pas la seule manière de réguler les émotions. Certaines techniques cognitives (par exemple, la réévaluation – changer notre interprétation d'un événement) peuvent être très efficaces. Les recherches futures permettront de comparer ces différentes stratégies et leurs effets sur le cerveau.

SE RESSOURCER AU COURS DE JOURNÉES ET SEMAINES CHARGÉES

Je demande souvent aux leaders :
« Que faites-vous quand votre
téléphone n'a plus de batterie ? »
« On le branche et on le recharge », disent-ils
« Que faites-*vous* quand *vous* n'avez plus de batterie ? »
« On continue. »
Ginny Whitelaw[1]

Après un temps de pratique relativement court, la méditation permet de se ressourcer au milieu de journées et de semaines chargées.

La plupart des décideurs pratiquent le matin (le moment souvent le plus propice) ou le soir, mais quelques-uns ont voulu expérimenter une pratique au cours de la journée. C'est dans ce contexte que l'effet de ressourcement – on pourrait même parler de régénération – est le plus impressionnant, car le contraste entre l'état avant et après la pratique est particulièrement marqué.

Parler de « ressourcement » et « régénération » est plus attractif, et surtout plus conforme à la réalité, que d'évoquer une « réduction du stress ». Au cœur d'une journée chargée dans laquelle s'enchaînent rendez-vous, appels et e-mails, une séance de méditation peut avoir l'effet de l'ombre offerte par un arbre sous un soleil de plomb.

1. Ancien cadre à la NASA, docteur en biophysique, 5e dan en aïkido et maître zen (roshi dans la lignée Rinzai), elle est l'auteur de *The Zen Leader. 10 Ways to Go from Barely Managing to Leading Fearlessly*, Career Press, 2012 (pas de traduction française). Extrait traduit par l'auteur, p. 47-48.

Expérience : se régénérer au lieu d'entrer dans la zone rouge

Identifiez le moment de la journée où vous avez tendance à rentrer dans une « zone rouge », où vous vous sentez vraiment fatigué, voire épuisé (la fin de journée par exemple).

Pendant une semaine, prenez dix minutes pour méditer une heure avant ce moment. Pour ne pas oublier, réglez votre montre ou votre téléphone portable. N'attendez pas d'être dans la zone rouge pour pratiquer. En prenant le temps de vous ressourcer ainsi, vous vous donnez une chance de l'éviter.

Ressourcement ou régénération sont bien sûr des notions plus subjectives que le stress, qui peut maintenant être mesuré de façon objective. De plus en plus d'études se penchent d'ailleurs sur les effets de la méditation sur le stress et concluent qu'un entraînement intégré dans la vie quotidienne peut déboucher sur une réduction significative du stress chez des sujets sains, dans un temps assez court (voir encadré ci-dessous).

Méditation et stress
Le point de vue d'un neuroscientifique

De nombreuses études montrent sans équivoque que la méditation est efficace pour réduire le stress, que ce soit chez des patients (par exemple ceux ayant suivi le programme MBSR créé par Jon Kabat-Zinn), ou chez des personnes en bonne santé.

Les scientifiques mesurent habituellement le niveau de stress de deux façons : soit en utilisant des questionnaires

☞

standardisés, comme le *Perceived Stress Scale* (PSS) ou le *Profile of Mood States* (POMS), soit en mesurant un paramètre biologique relié au stress, comme le niveau d'hormones de stress (cortisol, noradrénaline) dans le sang, ou encore l'activité du système immunitaire, qui diminue avec le stress, notamment le stress chronique.

Une étude pionnière menée par Richard Davidson et Jon Kabat-Zinn a par exemple évalué l'impact de la formation MBSR sur les employés d'une entreprise (Davidson 2003). Les auteurs ont trouvé un niveau de stress moins élevé chez les participants à la formation MBSR par rapport aux non-participants, ainsi qu'une réponse immunitaire plus importante après avoir reçu un vaccin contre la grippe.

Une autre étude a examiné l'effet d'une formation appelée *Integrative Body-Mind Training* (IBMT) (20 minutes par jour pendant 5 jours) sur des étudiants chinois. Les résultats montrent que les participants à la formation IBMT avaient un taux de cortisol moins élevé après une tâche de calcul arithmétique stressante, ainsi qu'une immuno-réactivité plus élevé que le groupe contrôle (Tang 2007).

Une troisième étude révèle que la formation MBSR réduit le stress de manière significative (PSS scale) et que cette réduction est corrélée avec une diminution de la densité de matière grise dans l'amygdale, une région associée à l'apprentissage et le traitement des émotions, notamment la reconnaissance de dangers (Holzel 2010).

Les chercheurs tentent maintenant de déterminer quels sont les effets spécifiques de la méditation. Au lieu de comparer les participants à la formation MBSR avec un

☞

groupe contrôle ne participant à aucune formation (groupe contrôle passif), ils essaient d'inclure un groupe contrôle « actif » qui suit une formation similaire au MBSR, mais sans la composante de méditation. Une étude récente a ainsi proposé d'utiliser un programme de remise en forme (*Health Enhancement Program*) pour le groupe contrôle. Les résultats montrent que de nombreux effets du MBSR sont également obtenus avec le HEP, mais que certains effets (comme la tolérance à un *stimulus* douloureux) semblent spécifiques à la formation MBSR (MacCoon 2012).

La méditation donne à notre esprit une chance de se régénérer car les inquiétudes pour l'avenir comme les regrets concernant le passé perdent de leur emprise, au profit d'une attention exclusive au moment présent. Nous consommons ainsi beaucoup moins d'énergie mentale.

Au fait, pouvez-vous identifier un seul problème qui subsiste lorsque vous êtes entièrement dans le moment présent ? Une réponse immédiate pourrait être : « Oui, bien sûr, les problèmes ne disparaissent pas par miracle ». Mais, avant de répondre, faites vraiment l'expérience…

Prenez quelques minutes pour porter absolument toute votre attention au moment présent. Effectivement, il ne se produit pas de miracle : les problèmes se dissolvent et le calme s'instaure de façon naturelle lorsque nous retirons la prise de l'agitation mentale. Le calme était là, juste recouvert par l'agitation. En étant pleinement dans le moment présent, il est étonnant de constater qu'il n'y a effectivement pas de problème. Bien sûr, tous les problèmes en cours vous reviennent à l'esprit aussitôt que vous laissez repartir l'agitation mentale, mais vous êtes désormais à même de les aborder avec beaucoup plus de sérénité et de créativité (et peut-être avec le sourire).

Quelques-uns des décideurs interrogés, comme Marianne, ont même décrit un effet qui va au-delà du sentiment de régénération : leur pratique les aide à faire émerger des instants de joie au cœur même de situations difficiles. Quand la joie est une valeur essentielle, trouver ces gisements de joie alors que l'on était tendu et inquiet ressemble à repérer une oasis dans le désert !

À propos de joie, voici une question inspirante posée par Eckhart Tolle : « Y a-t-il de la joie et de la légèreté dans ce que vous faites ? »[1]

Quand j'ai été confronté à cette question pour la première fois, cela a été un choc d'entendre en moi un non clair et net. C'était surprenant car je me considérais alors tout à fait heureux.

Une réponse négative à cette question n'exige pas nécessairement que nous ajustions la direction de notre carrière, bien que cela puisse être une option (voir chapitre 6). Comme Tolle l'explique, « il n'est pas forcément nécessaire de changer ce que nous faisons, il peut être suffisant de changer la manière dont nous le faisons »[2].

Vous trouverez ci-dessous une forme de méditation qui vous permettra de trouver un gisement de joie dans (presque ?) toute situation.

1. *Le Pouvoir du moment présent*, *op. cit.*, location 1236 de l'édition anglaise (version Kindle). Traduction de l'auteur.
2. *Ibid.*, location 1236.

Pratique : méditation sur l'acceptation

Dans beaucoup d'enseignements de sagesse, résister à « ce qui est » (ce qui se présente dans notre vie) est le plus sûr moyen de comprimer sa joie et sa paix intérieure. Cultiver la joie et la paix intérieure suppose donc une pratique fondamentale : s'entraîner à accepter plutôt qu'à résister. La pratique de l'acceptation est la voie d'accès à ce qu'Arnaud Desjardins appelle la « paix des profondeurs »[1].

En tant que décideur, une objection qui se présente immédiatement à notre esprit est : cela ne tournerait-il pas vite au désastre si nous acceptions tout ce qui se passe, ou tout ce que les gens font autour de nous ? Cela serait la porte ouverte au chaos, non à la paix intérieure !

Mais l'acceptation telle qu'elle est entendue ici est bien loin du fatalisme. Il existe une voie pour accepter une situation qui nous déplaît – c'est-à-dire cesser de résister –, tout en se réservant la possibilité d'agir avec efficacité pour remédier à cette situation si nécessaire. Cette différence de qualité avec l'action ordinaire semble minime, mais elle est essentielle, car notre action est alors beaucoup plus paisible. Elle ne tire plus son énergie d'une émotion qui bouillonne, mais d'un sens de ce qui est juste. Une telle qualité d'action sera étudiée plus en détail dans le chapitre 5, mais vous trouverez déjà ci-dessous une expérience fondamentale pour s'entraîner à l'acceptation.

1. Dans l'enseignement d'Arnaud Desjardins, la pratique de l'acceptation est fondamentale. Voir *À la recherche du Soi*, mentionné dans la bibliographie commentée (particulièrement le tome 1)

Expérience

Identifiez une pensée qui est une source de tension ou d'inquiétude. Par exemple, la pensée que votre prochain conseil d'administration sera rude.

Prenez une posture de méditation qui vous convient et calez votre attention sur votre respiration.

À chaque inspiration, répétez-vous : « Je vois cette pensée en moi ».

À chaque expiration : « J'accepte pleinement cette possibilité (que cela se passe mal). » Continuez à pratiquer ce cycle pendant 5 ou 10 minutes.

Qu'avez-vous remarqué ? La surprise qui vous attend est que vous aurez toujours la volonté d'éviter la situation en question, mais elle sera maintenant dénuée de tension. Une pointe de légèreté aura peut-être eu une chance d'émerger. Il est toujours temps de vous engager dans les préparations nécessaires pour éviter la situation déplaisante que vous avez identifiée, mais vous êtes maintenant à même de le faire avec plus de sérénité.

La clef de cette pratique est d'être véritablement prêt, à chaque expiration, à accepter entièrement la situation en question. Il ne s'agit pas d'être prêt à 90 %, ni à 95 %, mais à 100 %.[1]

C'est évidemment plus facile à dire qu'à faire, et c'est pour cela qu'un entraînement est nécessaire pour renverser l'habitude de nous cramponner à nos objectifs.

☞

1. Soren Gordhamer, organisateur de la conférence Wisdom 2.0 donne dans son livre éponyme une version assez drôle de ce travail d'acceptation, qu'il appelle « Ah, Shit practice », l'attitude du pratiquant faisant des allers-retours entre l'acceptation d'une situation pénible (Ahhhh...) et le refus (Shit !). Voir *Wisdom 2.0,* HarperOne, 2013, p. 62.

☞

Si vous trouvez une situation tellement inacceptable que pratiquer l'acceptation vous paraît impossible (ce collègue qui vous a planté un couteau dans le dos est vraiment un *** !), il vous reste la pratique qui porte cette fois sur l'émotion elle-même.

L'expérience devient :

À l'inspiration, observez en vous l'émotion créée par la situation (la colère, par exemple).

À l'expiration, acceptez pleinement cette émotion, comme s'il s'agissait d'un enfant que vous prenez dans vos bras.

Vous remarquerez probablement que cette émotion perd rapidement de son intensité. *A contrario*, comme l'écrit Jacques Vignes, « la colère contre sa propre colère redouble cette colère ».[1]

Malgré cette pratique, il reste des situations si difficiles, des tempêtes si fortes, pendant lesquelles tant de stress est accumulé, que les séances de méditation ne sont pas suffisantes pour faire rejaillir le moindre fragment de paix ou de joie. Nous n'avons plus seulement besoin de trouver une oasis pour nous rafraîchir, mais de nager en pleine mer. Certains décideurs aiment alors organiser des retraites intensives de quelques jours, qui permettent un ressourcement plus profond – comme ce décideur parti pour une retraite de trois jours afin de se préparer à traverser une période très difficile : son entreprise va engager un plan social significatif et certains membres de son équipe devront partir.

1. « Méditer, une philosophie du dedans », dans *Marcher, méditer,* Michel Jourdan et Jacques Vigne, Albin Michel, Espaces Libres, 1998, p. 157.

Réflexion : le temps d'une retraite est-il venu ?

Sentez-vous que le stress s'est tellement accumulé en vous que vous ne voyez pas de moyen de vous en débarrasser, même pendant le week-end ou les vacances ? Que votre action a perdu de la clarté ou du sens ? Vous avez peut-être besoin d'un ressourcement en profondeur. Pourquoi ne pas envisager une retraite dans un lieu inspirant ?

Une retraite n'est pas l'équivalent de vacances (d'ailleurs les deux peuvent être nécessaires). C'est un moment où tout notre temps est centré sur un retour à l'essentiel, ce qui nous anime et nous nourrit en profondeur (voir aussi chapitre 5).

À noter que ce retour à l'essentiel peut être organisé pour votre équipe si vous sentez qu'elle est touchée par l'épuisement, la perte de sens ou de clarté. C'est ce qu'a fait Yvon Chouinard, fondateur de Patagonia, lorsqu'il a emmené toute son équipe dirigeante pour une retraite d'une semaine (en Patagonie !) alors que l'entreprise traversait une grave crise due à une croissance trop rapide. Pas de méditation au programme, mais des conversations essentielles stimulées par un philosophe sur les priorités, les valeurs de Patagonia et le sens donné à l'action. Suite à cette retraite, la décision a été prise de donner la priorité au développement de produits innovants pour la protection de l'environnement plutôt qu'à viser la croissance la plus rapide possible : « Notre croissance incontrôlée menaçait les valeurs qui nous avaient permis de réussir jusque-là [...]. Je voulais faire de Patagonia un modèle vers lequel les autres sociétés pourraient se tourner dans leur recherche de contribution à l'environnement et de durabilité. »[1]

☞

1. *Let my people go surfing. The Education of a Reluctant Businessman*, The Penguin Press, 2005, p. 74-75 (traduction de l'auteur d'après la version originale). C'est un livre qui devrait faire partie du programme de toutes les business schools. Pour la version française, voir *Homme d'affaires malgré moi : confessions d'un alter-entrepreneur*, Vuibert, 2006). Pour une présentation actualisée des actions menées par Patagonia, voir *The Responsible*

☞

Si vous craignez qu'une retraite soit un investissement en temps que vous ne pouvez pas vous permettre, pensez à l'image suivante : deux ou trois pas en arrière permettent parfois de prendre de l'élan…

Pour conclure sur le ressourcement et le stress, notons que celui-ci a parfois des racines profondes dans la façon de s'organiser. Une pratique telle que la méditation ne peut pas tout. Par exemple, pour l'un des décideurs interrogés (Laurent), la contribution décisive à la réduction de son stress a été l'acquisition d'une méthodologie performante de gestion de projets auprès d'un cabinet de consulting. Sa pratique de la méditation lui permet de prendre en charge la partie de son stress qui subsiste.

UNE DYNAMIQUE PROGRESSIVE VERS UNE PRATIQUE RÉGULIÈRE

Continuer à pratiquer et même intensifier sa pratique est vite motivé par les premiers effets de la méditation qui se font sentir après une période de pratique relativement courte.

Certains décideurs ont ainsi débuté en méditant quelques fois par semaine ou quelques fois par mois, puis ont ressenti l'envie de passer à une pratique quotidienne. D'autres, qui pra-

Company. What we've learned from Patagonia's first 40 years), co-écrit par Yvon Chouinard (Patagonia Books, 2012 – traduction française : *Un business responsable*, Vuibert, 2013). *Let my people go surfing* reste toutefois incontournable pour l'exposé de l'histoire et des principes de cette entreprise hors normes, innovante dans beaucoup de domaines.

tiquaient 5 à 10 minutes quotidiennement, ont trouvé la motivation pour allonger un peu leurs sessions.

L'impression que des effets plus probants encore résulteraient d'une pratique renforcée contribue aussi à trouver la motivation nécessaire. C'est le cas lorsque les décideurs entrevoient que la pratique de la méditation peut non seulement les aider à établir un leadership sain mais aussi à développer un leadership inspirant.

4

DE LA PRATIQUE RÉGULIÈRE AU LEADERSHIP INSPIRANT

« Un des plus grands besoins de l'esprit humain est d'être inspiré et d'inspirer. L'inspiration est l'oxygène de l'âme. Un leader qui n'inspire pas les autres est comme une rivière sans eau. »
Lance Secretan[1]

« Contrairement à ce que l'on pourrait croire, cultiver la capacité de pleine conscience (*mindfulness*) n'est pas juste un « plus » (*nice-to-have*) ou quelque chose à faire pour des raisons privées : c'est en fait essentiel pour maintenir un leadership de qualité. »
Richard Boyatzis et Annie McKee[2]

Alors que la réduction du stress et la capacité de concentration sont souvent mentionnées comme les principaux effets de la méditation, ces sujets ont finalement été peu abordés lors des entretiens menés. Spontanément, les décideurs évoquaient davantage les bienfaits suivants :

---

1. Lance Secretan est ancien Managing Director de Manpower Limited. Voir plus bas la présentation d'un de ses livres, *Inspire ! What great leaders do* (Wiley, 2004), Traduction de l'auteur (p. XXIII)
2. Auteurs de *Resonant Leadership: Renewing Yourself and Connecting with Others Through Mindfulness, Hope and Compassion*, Harvard Business School Press, 2005. Traduction de l'auteur (p. 114). Voir la présentation de leur travail plus loin dans ce chapitre.

- une compréhension plus fine et plus rapide de leurs collaborateurs, grâce à davantage d'empathie ;
- le courage d'aborder sans tarder les situations les plus délicates ;
- plus de justesse dans la prise de décision ;
- une présence plus rayonnante ;
- une créativité accrue.

Certains de ces effets sont plus difficiles à mesurer que le stress ou la concentration d'un point de vue scientifique (comment mesurer avec précision le courage, l'intuition ou la créativité ?), mais sont tout aussi importants. Combinés, ils ont le potentiel d'opérer un changement profond de leadership chez les décideurs. En effet, il ne s'agit plus seulement d'établir un leadership sain, mais de cultiver un leadership de plus en plus inspirant, qui donne l'exemple et l'envie aux collaborateurs d'apporter le meilleur d'eux-mêmes.[1]

Sur le dessin ci-dessous, cela correspond à nouvelle étape du cheminement dans la montagne : l'arrivée dans les alpages après avoir quitté la forêt.

1. Parmi les auteurs qui ont travaillé sur la notion de leadership inspirant, le travail de Lance Secretan est particulièrement intéressant. Sa position dans son livre *Inspire !* est que les décideurs doivent accorder une grande attention à clarifier leur mission de vie (*Destiny : why I am here on Earth*), leur engagement principal (*Cause: what I will stand for)* et leur voie d'action (*Calling: what I will do and how I will use my talents and gifts to serve*), et faire en sorte que les trois soient alignés. La méditation est pour lui une pratique qui facilite ce travail car elle permet de laisser remonter à la conscience des informations que nous aurions tendance à négliger (voir p. 101-102). Ce livre n'est pas disponible en français.

Plusieurs décideurs, après s'être mis à pratiquer la méditation régulièrement, ont reçu un feedback spontané de leurs collègues (collaborateurs, pairs ou supérieurs hiérarchiques) qui avaient remarqué en eux un changement positif.[1] Dans leur discours, transparaît la volonté de déployer leur potentiel humain au service de leurs collaborateurs et de leur organisation, faisant ainsi écho au titre du livre de Tristan Lecomte : *Comment je suis devenu plus humain*.[2]

La plupart de ces décideurs ne font pas la une des journaux et leur action est invisible pour le plus grand nombre. Pourtant, il ne fait pas de doute qu'ils apportent par leurs efforts une contribution significative au monde. C'est d'ailleurs le cas de chaque personne qui entreprend de devenir un être humain plus accompli, en raison de ses interactions multiples avec les autres. Cependant, l'impact des décideurs est renforcé par leur capacité d'influence.

1. Pour des raisons de confidentialité et de temps, je n'ai pas pu rencontrer les collaborateurs des décideurs interrogés.
2. *Comment je suis devenu plus humain*, Tristan Lecomte, Flammarion, 2011. C'est un livre qui décrit le parcours intérieur d'un décideur engagé qui a été nommé Entrepreneur Social de l'année 2013 par l'importante Fondation Schwab.

Réflexion : quelle influence avez-vous vraiment ?

Prenez quelques minutes pour faire le point sur votre propre influence. Faites le calcul du nombre de personnes sur lesquelles vous avez une influence directe. Vos collaborateurs, bien sûr, mais probablement aussi vos clients, vos fournisseurs et vos supérieurs hiérarchiques. Vous pouvez ajouter toutes les personnes avec qui vous êtes en interaction régulière ; avoir une influence ne signifie pas uniquement exercer un pouvoir. Par votre manière d'être, votre présence, vous pouvez aussi influencer quelqu'un sans en être conscient, et même le toucher en profondeur.

Une fois que vous avez fait ce décompte, faites une estimation du nombre d'individus sur qui ces personnes ont elles-mêmes une influence, à commencer par leur famille. Votre impact peut atteindre ce second degré de relations (le cas du manager tyrannique qui contamine la vie de famille de ses collaborateurs est bien connu, l'inverse fonctionne aussi).

Au final, vous avez peut-être plus d'impact que vous ne le pensez, bien au-delà de vos collaborateurs directs.

MIEUX COMPRENDRE ET PRENDRE SOIN DE SES COLLABORATEURS (*CARE*)

« La pleine conscience n'est pas une pratique pour soi-même.
C'est une pratique pour soi-même et les autres. »
Barry Boyce[1]

1. « *Mindfulness is not a me thing. It's a we thing.* » *The Mindfulness Revolution*, Barry Boyce, Shambhala Publications, 2011, location 4461 (pas de traduction française).

Cette citation prend le contre-pied d'une critique courante à l'encontre de la méditation : il s'agirait d'une pratique qui mène à un isolement égoïste, l'intention étant d'entretenir son propre bien-être, le monde pouvant s'écrouler autour de soi (un peu comme dans cette publicité où le décor s'effondre autour d'un homme qui, imperturbable, déguste un fromage).

Au contraire, il apparaît de plus en plus clairement, notamment grâce aux recherches scientifiques sur l'empathie et la compassion, que la méditation est une pratique qui relie davantage aux autres et aide à mieux les comprendre.

L'empathie et la compassion sont deux termes bien distincts, qu'il convient de clarifier. L'empathie est la faculté de comprendre et de partager les sentiments des autres (de se mettre à leur place), tandis que la compassion, tel que le mot est employé dans le langage courant, est la conscience de la souffrance de l'autre, associée à un désir de la soulager.[1]

En suivant ces définitions, il apparaît que la compassion est l'empathie activée face à la souffrance de quelqu'un. La compassion aurait donc comme condition première l'empathie (sans empathie, comment la souffrance de l'autre pourrait-elle nous toucher ?).

Toutefois, les travaux scientifiques récents, ceux de Tania Singer et Matthieu Ricard notamment, conduisent à distin-

1. Voici une définition plus « académique » de l'empathie donnée par Tania Singer, directrice du département des neurosciences sociales à l'Institut Max Planck : « L'empathie est (1) un état affectif (2) semblable à l'état affectif de l'autre (3) déclenché par l'observation ou l'imagination de l'état affectif de l'autre et qui implique (4) la prise de conscience que c'est bien l'autre qui est la source de notre état affectif. » (Cité par M. Ricard, *Plaidoyer pour l'altruisme*, Nil, 2013, p. 62. Voir aussi la note p. 781.)

guer deux types de compassion. Le premier, qui correspond à l'usage courant, reprend la définition précédente. Mais le deuxième est, comme le définit Matthieu Ricard, un « sentiment d'amour et de bonté à l'égard de tous les êtres sensibles », qui n'est pas provoqué par un événement particulier.

La distinction entre ces deux types de compassion est cruciale. Dans le premier cas, l'action de la personne agissant avec compassion est motivée par une émotion pénible (l'inconfort de sentir l'autre souffrir) et peut conduire à l'épuisement, voire au burnout (comme cela arrive parfois chez le personnel soignant). Dans le deuxième cas, au contraire, la compassion est un état de bienveillance moins susceptible de provoquer des pics émotionnels et qui peut donner de la force.[1]

Plus fertile pour les décideurs et pourtant moins connue, la seconde forme de compassion mérite un intérêt particulier. Nous l'explorerons après avoir développé l'impact de la méditation sur la capacité d'empathie.

L'empathie : comprendre ses collaborateurs de façon plus fine

L'empathie est cruciale, car elle permet de repérer les problèmes avant qu'ils ne prennent trop d'ampleur, comme la perte d'équilibre ou de motivation d'un collaborateur qui assure pourtant

1. Pour aller plus loin sur la distinction entre les deux formes de compassion, et sur la différence entre empathie et compassion, voir un article de la revue *Science* intitulé « Concentrating on kindness » (20 septembre 2013, vol. 341), le livre de M. Ricard, *Plaidoyer pour l'altruisme, op. cit.* (le chapitre 4 en particulier), ou l'Ebook de Tania Singer intitulé *Compassion. Bridging Practice and Science* (chapitres 10 et 15 notamment), téléchargeable gratuitement sur *www.compassion-training.org.*

que tout va bien, ou des tensions au sein de l'équipe que personne n'ose évoquer. C'est un radar qui oriente les conversations sur des sujets essentiels avant qu'il ne soit trop tard.

L'empathie permet une compréhension plus rapide, mais aussi plus fine des autres : elle aide par exemple à détecter des signaux émotionnels de basse intensité qui pourraient passer complètement inaperçus.

Elle est reconnue comme un pilier de l'intelligence émotionnelle, cette forme d'intelligence essentielle à la construction d'une confiance profonde entre les personnes, désormais présente dans de nombreux programmes de développement du leadership en entreprise suite à l'impulsion donnée par Daniel Goleman et plusieurs autres auteurs.[1]

Or la méditation est un bon moyen de développer l'empathie. Le fait même de réduire l'agitation de notre esprit quand nous discutons avec nos collaborateurs nous donne une chance de mieux les comprendre : le bruit de fond qui brouille la réception diminue (voir l'exercice pratique ci-dessous).

Comme le dit bien un des décideurs interrogés (Thierry) : « Ne pas laisser nos propres solutions occuper tout notre esprit pendant une conversation crée beaucoup d'espace pour des conversations fertiles. »

1. « Search Inside Yourself » en fait une présentation synthétique et vivante. Pour aller plus loin, voir le livre de Daniel Goleman, *Intelligence émotionnelle*. Pour une application au leadership, voir *Intelligence émotionnelle et management : comprendre et utiliser la force des émotions*, de Ilios Kotsou (De boeck, 2008), ou mon premier livre *EQ and Leadership in Asia : Use Emotions to Lead and Inspire your People* (Jossey-Bass, 2011, pas de traduction française).

Pratique : la méditation en mode conversation

S'asseoir sur un coussin n'est pas une condition nécessaire pour prendre une posture de méditant !

Essayez de pratiquer lorsque vous êtes en conversation avec quelqu'un : visez à être pleinement présent pour votre interlocuteur, en lui donnant toute votre attention, tout en gardant conscience de votre respiration. À chaque fois que vous percevez que votre attention est emportée par une pensée, revenez au moment présent, à l'écoute de votre interlocuteur. Il sera toujours temps de préparer une réponse plus tard. Pour l'instant, vous offrez votre présence (*your presence is a present !*).

Remarquez, à la fin de la conversation, que vous êtes bien plus à même de répondre aux questions suivantes :

De quoi votre interlocuteur a-t-il besoin ?

Que ressent-il ?

Qu'est-ce qui est important pour lui ?

De l'empathie pour tout le monde, vraiment ?

Dès lors qu'il s'agit d'empathie, la question se pose rapidement de savoir jusqu'à quel point en faire usage. Que faire face aux personnes qui nous sont antipathiques ? On pourrait même imaginer qu'elles nous deviennent plus antipathiques encore, si nous faisons l'effort de mieux les comprendre.

Certes c'est une hypothèse à ne pas exclure, mais c'est le phénomène inverse qui tend plutôt à se produire. Parmi toutes les pensées qui défilent pendant la méditation, se trouvent généralement quantité de jugements. Les observer est une première étape pour prendre de la distance vis-à-vis d'eux, et les regarder comme ce qu'ils sont vraiment, à savoir des pensées plutôt que des vérités. Cette démarche rend plus disponible pour voir certaines facettes de ces personnes, ignorées jusqu'alors.

Imaginez une pierre précieuse dont l'une des faces est totalement noire et grossière : c'est elle qui attire le regard et donne envie de s'en détourner rapidement. Si nous sommes pressés, inattentifs à la place que prennent les jugements dans notre esprit, la conclusion est rapide : cette pierre a peu de valeur. Imaginez maintenant que vous preniez quelques minutes pour, en pleine conscience, mettre ces jugements en suspens et promener votre regard sur l'ensemble de la pierre. Il y a peut-être de magnifiques facettes, que vous n'aviez pas vues.

Ainsi, la pratique de la méditation invite à voir davantage de beauté chez les gens, et laisse émerger des possibilités nouvelles. Il est frappant de constater que nous avons souvent tendance à nous concentrer sur les aspects qui ne nous plaisent pas chez une personne (avez-vous remarqué que les conversations autour de la machine à café sont plus consacrées à critiquer les collègues qu'à en faire l'éloge ?). Un seul trait de caractère agaçant et la relation se détériore ! La méditation aide à équilibrer nos perceptions ; une caractéristique dont les membres de notre famille et nos amis n'auront pas à se plaindre…

Pratique : suspendre ses jugements et laisser les qualités émerger

Commencez par méditer pendant 5 minutes.

Pensez ensuite à une personne que vous n'appréciez pas.

À l'inspiration, identifiez un jugement que vous avez à propos de cette personne et décidez de le mettre en suspens.

À l'expiration, laissez venir votre esprit une facette de cette personne que vous pourriez apprécier.

☞

☞

Répétez cet exercice en sélectionnant l'un après l'autre tous les jugements négatifs qui vous viennent sur cette personne. Continuez à pratiquer pendant plusieurs minutes, même lorsque vous êtes à court de qualités. D'autres peuvent encore apparaître et vous surprendre.

La compassion : développer sa capacité à prendre soin de ses collaborateurs et collègues (care)

D'une compréhension plus fine et plus juste de ses collaborateurs naît un sentiment de proximité et d'interdépendance, ainsi qu'une plus grande volonté de leur porter une attention particulière. En anglais, le verbe *to care* exprime bien cette intention, dont la traduction littérale en français serait « prendre soin », bien que cette expression reste peu commune.

La méditation permet aussi de cultiver cette intention d'une autre manière, plus directe. Comprendre les autres n'est en fait pas nécessaire pour se préoccuper de leur bien-être. Faire preuve de compassion, telle qu'elle a été définie plus haut, suffit. Cette capacité peut être développée par une forme de méditation particulière, appelée *compassion meditation* ou *loving-kindness meditation* selon les traditions. C'est à une pratique similaire que Bill Ford semble faire allusion dans son intervention à la Conférence Wisdom 2.0.[1] La version proposée ci-dessous en est une variante parmi d'autres.[2]

---

1. Voir l'enregistrement sur *www.youtube.com/watch?v=9W0Wy8-06t4*.
2. Il existe beaucoup de sources, notamment dans la tradition bouddhiste tibétaine pour laquelle une telle pratique est essentielle. Pour une présentation concrète et laïque, voir les différentes « méditations sur l'amour altruiste » proposées par Matthieu Ricard dans *L'Art de méditer, op. cit.*, p. 82-87, et celles enregistrées par Fabrice Midal, *Méditations sur l'amour bienveillant*, Audiolib, 2013 (existe en CD uniquement).

Pratique : cultiver la capacité de compassion

Pensez à une personne que vous aimez.

À l'inspiration, imaginez que cette personne est juste devant vous ou à côté.

À l'expiration : souhaitez-lui d'être heureuse, de trouver toute la paix et le bonheur auxquelles elle aspire.

Pratiquez pendant quelques cycles de respiration. Puis continuez avec :

– une personne qui vous est indifférente ;
– une personne qui vous déplaît ;
– une personne que vous détestez franchement.

(Pour les deux dernières catégories de personnes, il peut être utile de les visualiser dans un premier temps alors qu'elles sont encore des enfants, qui ont besoin de soutien, de compréhension et d'amour.)

Si vous faites cet exercice le matin, vous pouvez terminer, avec quelques cycles de respiration supplémentaires, par l'intention d'aborder avec le plus de compassion possible, tout ce qui se présentera dans votre journée.

Si cette forme particulière de méditation n'est encore que peu répandue chez les décideurs interrogés, un grand nombre a tout de même évoqué une attention accrue à leurs collaborateurs.

Les scientifiques qui s'intéressent à la méditation commencent également à étudier ce sentiment. Le lien entre méditation et compassion fait aussi partie des sujets sélectionnés par le Center For Compassion and Altruism Research and Education (CCARE), créé au sein de la Faculté de Médecine de Stanford, à l'initiative d'un neurochirurgien, James Doty.[1]

1. Voir leur site *www.ccare.stanford.edu*. Leur lettre d'informations peut être reçue gratuitement.

Méditation et compassion
Le point de vue d'un neuroscientifique

Des études scientifiques récentes montrent que la compassion peut être cultivée de façon mesurable par la méditation, non seulement chez les moines experts, mais aussi après un entraînement de courte durée. Les régions du cerveau associées au développement d'un comportement altruiste commencent également à être identifiées.

Par exemple, une étude par EEG portant sur des experts en méditation, hommes et femmes, moines et laïques, avec 15 000 à 60 000 heures de pratique, pendant qu'ils pratiquaient la méditation de compassion, a montré que leur cerveau génère un signal EEG de grande amplitude dans la bande des ondes gamma.[1] Le fait que les méditateurs experts puissent induire volontairement des ondes gamma de grande amplitude suggère qu'ils sont capables de basculer rapidement et à volonté vers un état de conscience caractérisé par une activité cérébrale synchronisée, reflétant l'expérience de la compassion (Lutz, 2004).

De plus, l'apparence des ondes EEG était différente chez les méditateurs experts et chez les méditateurs débutants, même quand ils n'étaient pas en train de méditer. Cela montre que la méditation induit non seulement des changements à court terme, mais aussi des changements à plus long terme (Lutz, 2004).

Les mêmes pratiquants expérimentés ont été étudiés une deuxième fois, toujours pendant la méditation de compas-

☞

1. On pense que les signaux EEG dans la bande gamma reflètent la synchronisation de multiples régions du cerveau impliquées dans des processus cognitifs de haut niveau, comme la régulation de l'attention ou la régulation des émotions.

sion, mais avec la technique d'IRM fonctionnelle, en même temps qu'ils entendaient des cris de détresse. À cette perception, l'activation cérébrale dans les régions limbiques était plus importante pendant la méditation (comparé à l'état de repos). Ces résultats montrent que l'entraînement mental pour cultiver des émotions positives, comme la compassion, a un effet sur l'activation des régions du cerveau liées à l'empathie, en réponse à des *stimuli* émotionnels (Lutz 2008).

Ces études révèlent que la pratique intensive pendant des années développe la compassion et l'empathie. Mais ces bénéfices ne sont pas réservés aux moines. D'autres études montrent que même un entraînement court peut déjà avoir un impact.

Par exemple, des chercheurs ont étudié trois groupes de participants. Le premier a suivi huit semaines de formation à la méditation de compassion, le deuxième huit semaines de formation à la méditation de pleine conscience, le troisième n'a suivi aucune formation. À l'issue des huit semaines, leur comportement altruiste a été testé en observant la probabilité qu'ils offrent leur siège, dans une salle d'attente, à quelqu'un en béquilles montrant des signes évidents de détresse. De façon frappante, les méditateurs ont offert leur siège cinq fois plus souvent que les non-méditateurs. Le même effet a été observé avec les deux types de méditation (Condon 2013). Cette expérience prouve le potentiel de la méditation à augmenter la réponse compassionnée face à la souffrance d'autrui. Les auteurs ont identifié comme mécanismes possibles l'augmentation de la conscience (*heightened awareness*) et une plus grande prise de recul (*increased perspective-taking*) (Condon 2013).

☞

Une autre étude a été menée pour déterminer l'effet d'un entraînement à court terme à la compassion. Un groupe a médité 30 minutes par jour pendant 2 semaines, en suivant des instructions audio, tandis qu'un autre groupe a suivi un entraînement aux techniques de réévaluation cognitive. Pour évaluer l'altruisme, les chercheurs ont utilisé une tâche comportementale altruiste (un jeu de redistribution de biens), ainsi que l'IRMf lorsque les sujets, tout en pratiquant leur technique assignée, regardaient des images de personnes souffrantes ou non-souffrantes. Les résultats montrent que l'entraînement à la compassion augmente l'altruisme envers une victime, comparé au groupe contrôle. De plus, l'augmentation de comportement altruiste était associée à une altération de l'activation dans les régions du cerveau impliquées dans les processus sociaux et la régulation des émotions (Weng 2013). L'entraînement à la compassion génère donc des changements comportementaux associés à des changements mesurables dans le cerveau.

Enfin, des recherches récentes conduites par le groupe de Tania Singer indiquent des différences instructives entre empathie et compassion. Lorsque les chercheurs montrent des images de personnes en détresse à des participants, ceux-ci éprouvent une réaction d'empathie marquée par un affect négatif. En revanche, après un entraînement intensif d'une journée (six heures) à la méditation de compassion, suivie d'une pratique quotidienne pendant environ une semaine, les participants associent les images de détresse à un affect positif et une motivation altruiste. L'empathie est ainsi une réponse de détresse (*panic*) alors que la compassion est une réponse bienveillante (*benevolent*). Les auteurs de ces études démontrent également que ces deux réponses impliquent des circuits différents dans le cerveau (Klimecki 2013 ; Klimecki 2013).

Les entretiens ont également révélé que l'intention d'être plus attentionné ne se limitait pas aux seuls collègues, mais pouvait aussi s'étendre aux clients, fournisseurs et autres parties prenantes.

De même, avec les collaborateurs jugés pas assez performants, plusieurs décideurs ont déclaré être plus patients et attentifs à les soutenir dans leur progression (George, Peter). Si finalement ces collaborateurs ne parviennent pas à assurer leur fonction avec le niveau de performance requis, un effort supplémentaire est engagé pour les aider à trouver un nouveau poste au sein de l'organisation (Mabel). C'est une option qui est plus facilement envisageable dans les grandes organisations, mais même les dirigeants de PME peuvent activer leur réseau pour permettre à des collaborateurs en difficulté de trouver un poste plus adéquat dans une autre société.

À noter que l'effort de porter un soin particulier au développement professionnel et au bien-être des collaborateurs est également la priorité d'organisations qui ne font aucune référence à la méditation, cette démarche étant considérée comme le moyen le plus sûr d'assurer la prospérité de l'entreprise. La philosophie des fondateurs de Mariott, par exemple, exposée dans le livre *The Mariott's Way* est de concentrer toute l'attention du management sur l'épanouissement et la satisfaction des collaborateurs, avec l'idée que des employés satisfaits prennent à leur tour mieux soin des clients.[1] Des travaux se développent aussi actuellement sur le lien entre bien-être et performance, comme ceux menés par la Fabrique Spinoza, un *think tank* français, qui conclut dans son rapport « Bien-être au travail, Vecteur de Performance Socio-économique » (2012) que le bien-être des collaborateurs est non seulement un bien en soi,

1. *The Spirit to Serve. Marriot's way*, J. W. Marriott, HarperCollins Publishers, 1997.

mais est aussi bon pour le fonctionnement économique d'une organisation, ainsi que pour les autres parties prenantes.[1]

En ce qui concerne les clients, deux décideurs interrogés, Hector et Quentin, ont expliqué à quel point l'intention de « prendre soin » de leurs clients avait transformé leur relation avec eux. Hector a même décrit ce changement comme une « libération », qui lui a permis d'être pleinement lui-même en tant que vendeur, au service de ses clients plutôt que de les considérer comme des objectifs commerciaux. Les relations avec les clients prennent de la densité humaine et, comme le précise Quentin, la confiance se construit de plus en plus facilement. Appliquer le concept de *care* permet de sortir du jeu où le vendeur essaie de placer un maximum de produits alors que l'acheteur résiste. Cela crée un soulagement pour les deux parties et peut mener à des résultats impressionnants.[2]

Les personnes difficiles à supporter, parfaits partenaires d'expérimentation

Il reste tout de même le cas des personnes qui nous agacent prodigieusement. La bonne nouvelle est que ce sont elles précisément qui permettent le mieux d'expérimenter le développement de la compassion.

Comme il s'agit souvent de situations délicates, pourquoi ne pas essayer une méthode inhabituelle ? Les concepteurs du programme *Search Inside Yourself* initié au sein de Google proposent une pratique intéressante, appelée « Exactement comme

1. Le rapport est téléchargeable sur *http://fabriquespinoza.fr/rapports/bien-etre-au-travail-vecteur-performance-economique/.*
2. Voir le très bon livre de Sharon Drew Morgen *Selling with Integrity : Reinventing Sales Through Collaboration, Respect, and Serving*, Berkley books, 1999 (pas de traduction française).

moi » (« *Just like me* »). Elle puise son inspiration dans le bouddhisme, mais peut être appréhendée de façon laïque. C'est une pratique puissante, et émouvante lorsqu'une pointe de compassion fait surface alors que cela paraissait totalement impossible. En voici une version adaptée.[1]

Pratique : faire preuve de compassion même en terrain difficile

Choisissez une personne que vous avez particulièrement du mal à supporter.

Commencez par méditer selon la méthode qui vous convient le mieux pendant 5 minutes, puis à chaque cycle de respiration (inspiration et expiration), lisez les phrases ci-dessous.

Cette personne a un corps et un esprit, tout comme moi.

Cette personne a des sentiments, des émotions et des pensées, tout comme moi.

Cette personne a été, à un moment de sa vie, triste, déçue, en colère, blessée, ou dans la confusion, tout comme moi.

Cette personne a eu dans sa vie des expériences douloureuses, émotionnellement et physiquement, tout comme moi.

Cette personne cherche à se libérer de la douleur et de la souffrance, tout comme moi.

Cette personne souhaite être aimée et avoir des relations qui l'enrichissent, tout comme moi.

Cette personne souhaite être heureuse, tout comme moi.

Les limites de la compassion

Certaines situations dépassent toutefois les limites de notre compassion, car il existe des individus qui exercent une influence toxique, érodant la confiance et détruisant plus de valeur

1. Pour la version originale, voir *Search Inside Yourself, op. cit.*, location 2293.

qu'ils n'en créent. Arriver à une telle conclusion demande une certaine prudence, mais elle peut s'imposer.

Que peut donc apporter la méditation dans ce cas ? Ne va-t-elle pas nous rendre trop mou ou faible, ce qui risque de menacer l'ensemble de l'équipe, voire de l'organisation, et mettre en péril notre crédibilité ? En fait, la pratique de la méditation, en plus d'être un entraînement à l'empathie et la compassion, est aussi une formidable source de courage.

LE COURAGE DE FAIRE FACE AUX SITUATIONS LES PLUS DÉLICATES

Quelques maîtres de sagesse sont connus pour leur capacité à être extrêmement énergiques et fermes à l'encontre des membres de leur communauté qui en violent les règles ou exercent une influence destructrice. Leur calme et leur compassion ne les empêchent pas d'exiger de ces membres soit qu'ils changent leur comportement, soit qu'ils quittent la communauté.

En entreprise, nous rencontrons aussi des individus avec qui ce courage est nécessaire, parce que leurs comportements représentent une menace trop grande. Beaucoup de décideurs – et cela a été aussi mon cas – ont tendance à retarder leur intervention ou à manquer de fermeté, toujours enclins à laisser une dernière chance. Si nous sommes parfaitement honnêtes, la raison essentielle en est la peur :

– peur que notre intervention entraîne davantage de dégâts (la personne en question peut devenir plus nocive encore) ;
– peur que cette personne quitte la société (alors que nous avons besoin d'elle en raison de ses compétences techniques ou de sa connaissance de dossiers essentiels) ;
– peur de ne pas être apprécié.

Ces peurs mènent quelquefois à édulcorer les feedbacks et les évaluations : les évaluations annuelles faites par certains décideurs, par exemple, affichent toutes des résultats similaires, plutôt favorables.

Pour Peter, la peur de ne pas être apprécié a été particulièrement vive. Arrivé à un poste de direction générale à l'âge de 34 ans, la méditation l'a aidé à limiter l'emprise de sa peur sur son action, lui permettant en particulier de déployer son propre style de leadership sans chercher à imiter le mode de leadership dominant dans son organisation (qu'il appelle « *yelling style* », *yelling* signifiant hurler).

En fait, le penchant à éviter la confrontation peut être observé dans des situations du quotidien, par exemple lorsqu'un passager de bus parle à voix haute au téléphone ou que quelqu'un s'insère au milieu de la file d'attente. La plupart des gens gênés par ces comportements murmurent, se plaignent entre eux, mais rares sont ceux qui prennent l'initiative d'aller parler à la personne en question. La peur que les choses puissent dégénérer (et aussi parfois la peur d'être jugé) prend le dessus.

La méditation aide à prendre conscience que rien, fondamentalement, ne peut mal tourner. Elle nous met en contact avec la partie de nous-même qui est si ancrée qu'elle ne connaît pas la peur. Il ne s'agit pas de devenir une tête brûlée et s'exposer à de véritables dangers. Seules les peurs illusoires sont dissipées. Par ailleurs, appréhender une situation délicate avec sérénité et calme est la meilleure façon de réduire le risque que les choses tournent mal. Le message a aussi plus de chances d'être efficace.

Benoît considère que sa pratique l'aide à aborder avec plus de confiance et de sérénité des conversations difficiles, comme ce jour où il a annoncé à un collaborateur que son bonus annuel allait être bien en dessous du maximum prévu par son contrat. Auparavant, dans un tel cas, Benoît aurait redouté l'entretien, et face aux protestations de son collaborateur, aurait soutenu sa position en multipliant les justifications. Grâce à la méditation, il aborde l'entretien avec plus de sérénité et, surtout, permet au collaborateur d'exprimer son point de vue et ses sentiments (déception ou mécontentement). Lui laisser cet espace ne change pas sa décision, qu'il a prise le plus équitablement possible, mais parvenir à écouter au lieu de marteler ses justifications est pour lui un grand progrès.

Pratique : méditer avant d'aborder une conversation difficile

Identifiez une conversation difficile que vous devez avoir, mais que vous avez repoussée jusqu'à présent (cas d'une personne avec qui vous êtes en conflit, par exemple).

Méditez pendant 5-10 minutes, puis imaginez la conversation telle que vous voudriez qu'elle se déroule, en visualisant la réaction de votre interlocuteur comme vous la souhaiteriez. Apportez une attention particulière au message essentiel que vous voulez faire passer. Ceci étant une conversation délicate, répétez autant de fois que nécessaire.

Méditer au préalable permet de voir la peur que la conversation tourne mal comme une pensée, une construction mentale, qui ne doit pas restreindre le champ des possibles. Une fois cette peur levée, des options constructives peuvent se présenter à votre esprit.

Contactez ensuite la personne en question pour convenir d'un rendez-vous.

Juste avant la rencontre, prenez quelques minutes pour méditer et visualiser à nouveau la scène.

Plus généralement, la méditation aide à entrer en contact avec la partie de nous-même qui ne connaît pas la peur, qui a toujours confiance, même dans les heures les plus sombres, quand nous sommes accablés ou perdus. Cette expérience difficile à exprimer, Bill Ford a tenté de la décrire lors de son intervention à la conférence Wisdom 2.0, en 2013, à San Francisco. Alors que la société fondée par son arrière-grand-père était au bord de la faillite, il prenait le temps de méditer tous les matins pour entretenir le courage et l'espoir dont il avait besoin. « Ma pratique est ce que qui m'a aidé à tenir dans les jours les plus sombres », a-t-il déclaré. « Je me demandais à cette époque ce qui se passerait si je perdais tout, y compris une grande part de mon identité. Mais j'ai pris conscience à travers ma pratique que l'essentiel en moi (*the core of me*) serait intact, que tout perdre ne signifiait pas vraiment tout perdre. »[1]

Steven Snyder, homme d'affaires américain devenu psychologue, auteur de *Leadership and the Art of Struggle*, insiste sur plusieurs points :

- Les périodes de turbulence ou de crise sont inévitables dans la carrière d'un décideur.
- Il y a une façon de les traverser qui nous enrichit et nous rend plus fort. C'est même un art (*the art of struggle*).
- Cet art commence par développer la capacité à nous ancrer (*ground ourselves*), en particulier grâce à des pratiques méditatives.[2]

Ces deux témoignages s'accordent : la méditation n'est pas une fuite de la réalité, mais aide à affronter avec plus de courage et de sérénité les situations les plus difficiles.

1. « The practice of mindfulness kept me going during the darkest days. » Pour cette partie de l'entretien, disponible sur Youtube (avec les mots clefs Bill Ford et Wisdom 2.0), voir de la 26e à la 28e minute.
2. *Leadership and the Art of Struggle*, Steven Snyder, Berrett-Koehler, 2013.

Pratique : transformer la peur en paix intérieure

Il s'agit d'une pratique fondamentale dans les moments les plus difficiles, qui laisse émerger la paix du silence intérieur. Cela peut se produire au cours d'une séance de méditation telle qu'elle a été présentée dans le deuxième chapitre, ou avec l'exercice suivant :

À l'inspiration, je vois la peur en moi.

À l'expiration, je laisse cette peur se dissoudre et la paix émerger.

Au cœur de la tempête, il est utile d'intensifier la pratique, avec des sessions plus fréquentes et/ou plus longues.

Pour aller plus loin

Une autre pratique peut être extrêmement utile, mais elle est plus difficile à expliquer avec des mots, car seule l'expérience permet d'en mesurer la profondeur. Par ailleurs, elle ne convient pas à tout le monde, ancrée dans une tradition spirituelle particulière (l'hindouisme) qui invite à penser différemment la notion de réalité. Elle ne suppose cependant pas d'y adhérer. Aussi, même si elle ne vous attire pas, je vous encourage à en faire l'expérience.

Rendue célèbre par un sage indien, Ramana Maharshi, décédé en 1950, cette pratique est toujours accessible grâce à plusieurs ouvrages[1]. L'enseignement de Ramana Maharshi peut se résumer à une question : qui suis-je ? L'idée essentielle est que le « moi » est une construction mentale – et finalement une illusion –, qui est à la source de toutes nos peurs et tensions intérieures. En se posant sans cesse la question « Qui suis-je ? » au cours des méditations, cette construction mentale s'efface progressivement au profit d'une conscience que nous sommes de même nature que la conscience universelle, ce qui laisse la place à une paix profonde.

1. En français, voir *L'Enseignement de Ramana Maharshi*, Eleonore Braitenberg, Albin Michel, 2005.

PRENDRE DES DÉCISIONS PLUS JUSTES, PLUS RAPIDEMENT

« Si vous vous asseyez et que vous observez, vous vous rendez compte à quel point votre esprit est agité. Si vous essayez de le calmer, cela empire, mais avec le temps il se calme et il y a alors de l'espace pour entendre des choses plus subtiles – c'est à ce moment que votre intuition commence à se déployer et que vous commencez à voir les choses plus clairement. »

Steve Jobs[1]

Le courage d'affronter sans tarder les situations les plus délicates vient aussi de la clarté que la méditation apporte à notre esprit. Un esprit plus apaisé, moins en proie à l'agitation, est un esprit plus clair. Une métaphore traditionnelle très utilisée est celle de l'eau boueuse : l'eau qui a été mélangée à la terre et agitée dans un récipient s'éclaircit avec le temps, la terre se déposant petit à petit au fond.

Avec la pratique de la méditation, les décisions justes se dégagent de l'agitation mentale, contribuant à « rendre simples les choses compliquées » (selon la formule de Kiersten, une des dirigeantes interrogées). Le calme intérieur permet aussi de se mettre à l'écoute de son intuition profonde, cette voix de sagesse dont les messages deviennent inaudibles dans le brouhaha habituel des pensées.

1. *Steve Jobs: The Exclusive Biography*, Walter Isaacson, Little Brown, 2011, location 1172 (traduction de l'auteur – version française : *Steve Jobs*, Le Livre de Poche, 2012).

L'intuition profonde – qui doit être distinguée de l'instinct, une réaction immédiate, souvent teintée de conditionnements émotionnels – est comme une cascade qui s'écoule, disponible à chaque heure, 7 jours sur 7. Mais cette cascade est entourée d'une ville bruyante et en mouvement permanent (l'esprit) qui empêche de la voir et de l'entendre.

Elle se manifeste de temps en temps spontanément, dans des périodes plus calmes, par exemple au cours d'une longue marche dans la nature. Plusieurs scientifiques de renom ont d'ailleurs affirmé que leurs découvertes les plus importantes étaient venues intuitivement, à un moment où ils n'étaient pas formellement en train de travailler.[1]

En tant que décideurs, nous avons tellement de décisions à prendre que ne pas avoir recours à cette voix de sagesse serait se priver d'une aide précieuse. Dès que le besoin s'en fait ressentir, il est possible de se mettre consciemment à son écoute. La pratique de la méditation facilite cette disposition.

En prenant l'habitude de nous tourner vers notre intuition profonde, nous gagnons du temps (la bonne décision s'impose plus rapidement), mais nous économisons aussi une énergie précieuse (certaines décisions mobilisent l'esprit pendant des jours, voire des semaines).

S'appuyer sur son intuition peut être déstabilisant au début, car :

1. Un exemple moins connu que ceux d'Archimède et d'Einstein est celui de Kary Mullis, prix Nobel de Chimie 1993, qui a écrit avoir eu l'idée de la réaction en chaîne par polymérase au cours d'une nuit passée à conduire sa moto sur une autoroute ! Voir *www.medicinenet.com/pcr_polymerase_chain_reaction/page3.htm.*

– c'est un sujet encore peu expliqué, même si les recherches scientifiques avancent ;[1]
– nous sommes plus habitués à prendre des décisions bâties sur une argumentation rationnelle (les seules qui sont acceptées dans les réunions professionnelles).

Toutefois, écouter son intuition profonde ne signifie pas renoncer à son esprit analytique. Ce sont deux voix, deux forces qui se complètent et peuvent être utilisées ensemble.

Dans le processus de prise de décision, il est possible de se tourner vers ces deux voix alternativement. Si elles vont dans le même sens, c'est simple. Si, en revanche, elles indiquent des directions opposées, faire l'expérience de suivre son intuition profonde, en commençant bien sûr par des décisions de faible portée, peut être riche d'enseignement. C'est un saut dans l'inconnu mais, en même temps, l'intuition profonde possède une force d'évidence qui donne confiance en la direction indiquée. Se reposer sur l'intuition profonde devient de plus en plus aisé avec l'expérience, tel ce DG pour l'Asie d'un groupe français, qui fait maintenant tellement confiance à son intuition qu'il s'appuie sur elle pour la plupart de ses décisions, et s'attache ensuite à bâtir une argumentation rationnelle pour les justifier auprès de ses collègues du siège.

Mais que comprend votre intuition profonde à votre business ? Est-elle vraiment fiable en ce domaine ? En fait, l'intuition profonde dispose d'une vue d'ensemble sur vous, vos activités, et sur les autres, ce qui lui permet de poser un regard

1. Malcolm Gladwell, dans *La Force de l'intuition : prendre la bonne décision en deux secondes*, Pocket, 2007 (titre original : *Blink : The Power of Thinking Without Thinking*) donne de bons exemples des travaux en cours. À noter que ce livre ne propose toutefois pas une vue synthétique du sujet ni de techniques à utiliser soi-même. Voir note suivante pour d'autres livres.

juste. Certes, il y a des décisions qu'il reste préférable de prendre sur un mode analytique (comme certaines décisions d'investissement) mais, même dans ce cas, le recours à l'intuition peut apporter un éclairage supplémentaire précieux. De façon générale, cette ressource reste encore sous-utilisée par les décideurs.

L'intuition, et l'usage que peuvent en faire les décideurs, pourrait faire l'objet d'un ouvrage entier ![1] Contentons-nous ici d'aborder une expérience d'écoute de l'intuition profonde par la méditation.

Pratique : se mettre à l'écoute de son intuition profonde

Sélectionnez une décision que vous trouvez délicate à prendre, ce qui pourrait être appelé une décision « 50/50 » : bien que la réponse soit seulement un oui ou un non, cela fait des jours voire des semaines que vous hésitez.

Commencez par méditer pendant quelques minutes. Puis, tout en gardant votre posture et en continuant à porter votre attention au moment présent à l'aide de votre souffle, imaginez que vous êtes dans un lieu sacré, un lieu de plénitude dans lequel vous vous sentez parfaitement heureux, apaisé et relié à l'essentiel. Si vous ne connaissez pas d'endroit comme cela, imaginez-en un. Visualisez-vous en train de méditer dans cet endroit et n'hésitez pas à faire usage de vos autres sens (ce que vous entendez ou sentez dans ce lieu, par exemple) pour rendre la scène encore plus réelle.

☞

1. Pour aller plus loin, voir *Intuition: Awakening Your Inner Guide*, Judee Gee, Weiser Books, 1999, et, en français: *Votre intuition au service du succès,* Michel Giffard (directeur de programmes de formation au sein du groupe HEC), Presses du Châtelet, 2009. M. Giffard est également l'auteur de *Développez votre intuition et celle de votre équipe. Connaissance du problème, Applications pratiques*, ESF, 1992.

☞

Quand vous sentez que votre esprit est aussi calme qu'un lac, que vous êtes vraiment centré, demandez à votre intuition la réponse à la question choisie.

Observez avec curiosité ce qui se passe en vous, sans essayer de contrôler votre esprit ou chercher une réponse. L'intuition peut vous fournir une réponse en quelques mots (parfois seulement oui ou non), ou vous proposer une image ou une sensation physique. Soyez attentif aux signaux que vous allez percevoir. L'intuition se manifeste par des canaux différents selon les personnes.

À la première expérience, certaines personnes se demandent si la réponse venue a pris sa source dans leur intuition ou si elle résulte d'un effort de la pensée. L'entraînement à cette pratique permet de différencier les deux de plus en plus facilement.

Quelques critères permettent de faire cette distinction : les réponses vraiment intuitives résonnent fortement en nous, ont la force de l'évidence même si nous ne savons pas vraiment les expliquer, et peuvent être déroutantes pour notre esprit rationnel (ce n'étaient pas les réponses attendues) ! Pour beaucoup, elles semblent venir non pas de la tête mais de la poitrine ou de l'estomac (l'expression anglaise *gut feeling* fait allusion à cela).

Pour aller plus loin

Après avoir identifié la modalité d'expression utilisée par votre intuition, vous pouvez, avec de la pratique, initier une forme de dialogue entre votre intuition et votre esprit analytique. Cela peut être utile car les réponses intuitives, si elles sonnent juste, sont parfois difficiles à comprendre et nécessitent des explications.

Ainsi, n'hésitez pas à poser des questions supplémentaires à votre intuition profonde. Le dialogue est ouvert…

DÉVELOPPER UNE PRÉSENCE INSPIRANTE

> « Il y a tellement de dignité dans son allure que vous pourriez l'identifier comme un général parmi 10 000 personnes. Il n'y a pas un roi en Europe qui ne passerait pour un valet de chambre à côté de lui. »
> Dr Benjamin Rush, parlant de George Washington[1]

L'aura du décideur est tout aussi importante que ses actes.

Vous est-il déjà arrivé d'être dans une pièce, en pleine conversation avec quelqu'un, quand vous remarquez la présence d'une autre personne qui vient d'entrer ? Elle dégage quelque chose de spécial, sans être nécessairement belle ni bien habillée, qui attire votre attention. Alors que vous vous approchez pour essayer d'en savoir plus, vous vous sentez plus calme, centré. Elle a une qualité particulière de présence qui vous touche et résonne en vous.

Le professeur Richard Boyatzis, professeur à Case Western Reserve University aux États-Unis, a écrit avec Annie McKee un livre remarqué sur le sujet de la « résonance » que peut créer un leader. Ils identifient la *mindfulness* comme une des pratiques qui permettent d'entretenir une résonance positive, l'enjeu n'étant pas uniquement de créer cette résonance mais aussi d'apprendre à la maintenir sur la durée, dans un contexte de stress qui tend à l'éroder.[2]

---

1. Extrait de lettre cité dans la biographie de Washington par Jay A. Parris et Andrew M. Allison (*The Real George Washington*, National Center for Constitutional Studies, 2008, p. 148-148 – traduction de l'auteur).
2. Les auteurs insistent aussi beaucoup sur le développement de l'intelligence émotionnelle, sujet sur lequel ils sont reconnus comme des experts. Pour leur livre sur la résonance, voir *Resonant Leadership: Renewing Yourself and Connecting with Others Through Mindfulness, Hope and Compassion*, Richard E. Boyatzis et Annie McKee, Harvard Business School Press, 2005.

La méditation aide à développer une qualité de présence calme et joyeuse, qui se remarque immédiatement chez les maîtres ayant une longue pratique. Comme le dit Meng, l'auteur de *Search Inside Yourself*, nous pouvons changer de « mode par défaut » : notre mode de fonctionnement habituel, plutôt qu'être en tension avec quelques épisodes de calme et de joie, devient un mode calme et joyeux avec quelques épisodes de tension.[1] Ce changement de mode opératoire peut se mettre en place progressivement grâce à une pratique régulière.

Plusieurs des décideurs rencontrés ont ainsi reçu un feedback positif à ce sujet :

– de leur supérieur hiérarchique (comme Xandra, que son patron trouvait « plus détendue et plus présente ») ;
– de leurs collègues (comme Jacob, manager dans une PME à Copenhague, à qui ses collègues ont demandé d'animer un atelier sur le sujet de la *mindfulness* pour le reste de l'équipe) ;
– de leurs clients, comme Quentin (« Cela ne peut pas mal se passer avec vous »).

Tout comme les maîtres spirituels, certains décideurs incarnent une telle qualité de présence qu'ils ont la capacité de toucher les autres, de provoquer un enthousiasme dès les premières minutes. D'autres, au contraire, ont une présence qui « refroidit », diminue l'énergie et incite à prendre de la distance, en limitant les interactions au strict nécessaire.

Veiller à sa qualité de présence n'est pas encore enseigné dans les écoles ou institutions formant les décideurs, car ce

Ce livre n'est pas traduit, en revanche le guide pratique qui a été publié par la suite existe en français : *Développez votre charisme avec l'intelligence émotionnelle : cahier d'entraînement pour être une personne résonnante*, Richard Boyatzis, Annie McKee et Frances Johnston, ESF, 2011.

1. *Search Inside Yourself*, *op. cit.*, location 550.

n'est pas une connaissance à acquérir. De plus, jusqu'à récemment, il n'était pas vraiment envisageable, dans le champ de la psychologie, que des traits de caractère constitutifs d'une présence inspirante puissent être développés. La psychologie universitaire s'occupait avant tout de traiter des pathologies, et tout sujet relatif au développement de la joie ou de l'optimisme, par exemple, était relégué au développement personnel ou *self-help* (c'est-à-dire sans valeur scientifique). Mais avec l'avènement de la psychologie positive, cette branche de la psychologie qui se concentre sur les conditions et processus qui contribuent à l'épanouissement et au fonctionnement optimal des personnes, des groupes et des institutions, les choses sont en train d'évoluer rapidement.[1]

Par exemple, il est maintenant largement admis que l'optimisme peut être développé chez un individu (il reste toutefois évident que certaines personnes sont naturellement plus optimistes que d'autres). Des états comme la joie ou la sérénité feront dans les années à venir l'objet de plus en plus de travaux.[2]

---

1. Les principaux thèmes de recherche de la psychologie positive sont l'optimisme, l'engagement, l'espoir, le sens, le bonheur, la pleine conscience, la résilience, la joie, etc. Voir *Introduction à la psychologie positive*, Ilona Boniwell (Payot, 2012) qui est un très bon ouvrage d'introduction, clair et concis, écrit par une vraie spécialiste du sujet.
2. Sur la question de l'optimisme, le grand spécialiste est Martin Seligman, ancien président de l'American Psychology Association, qui a commencé sa carrière comme spécialiste du traitement de la dépression mais a par la suite préféré s'intéresser aux possibilités de développer l'optimisme. Un de ses livres de référence est *La Force de l'optimisme*, Pocket, 2012. L'ouvrage de Philippe Gabillet, *Éloge de l'optimisme : quand les enthousiastes font bouger le monde* (Saint-Simon, 2010), donne une bonne vue d'ensemble des travaux récents (et est un plaidoyer convaincant pour veiller à entretenir son optimisme !).

L'idée n'est pas de prétendre être ce que nous ne sommes pas, mais d'identifier la qualité de présence que nous voulons incarner en tant que décideur, puis de cultiver cette qualité jusqu'à en faire son mode opératoire par défaut, ce qui inclut de la préserver dans les moments difficiles.

Idéalement, pour vous donner plus de chances de l'ancrer dans votre quotidien, cette qualité choisie doit être en ligne avec vos valeurs, comme la joie, la sérénité, l'optimisme, ou la générosité.

Pratique : cultiver une qualité de présence

Identifiez une qualité de présence que vous souhaitez incarner davantage.

Après une méditation de 5 ou 10 minutes, portez votre attention sur cette qualité en vous aidant de votre respiration.

À l'inspiration, imaginez que vous trouvez, en vous et en dehors, toutes les ressources pour cette qualité.

À l'expiration, imaginez que vous diffusez cette qualité autour de vous, que vous l'offrez à toute personne avec qui vous êtes en contact.

Un geste de votre choix peut renforcer cette pratique. Par exemple, sourire à l'expiration aide à incarner la joie ; ouvrir les mains, paumes vers le ciel, aide à incarner la sérénité.

Pour aller plus loin : définir votre to-be list

En identifiant quelques-unes de ces qualités de présence, vous avez défini une *to-be list* qui mérite autant de considération que votre *to-do list*. Vous pouvez ainsi lui consacrer 5 ou 10 minutes par jour. Ce temps pris pour « être » plus que « faire » est crucial, car en tant que décideur, ce que vous êtes est au moins aussi important que ce que vous faites.

DEVENIR PLUS CRÉATIF

« Beaucoup de mes idées les plus créatives me viennent à la fin de mes méditations. »
Bill George
Ancien PDG de Medtronics

De nombreuses méthodes ont été diffusées pour développer la créativité, depuis le temps où elle était considérée comme l'apanage des Muses. Parmi elles, certaines restent du domaine de la pensée : penser mieux, penser « latéralement » ou penser en groupe. D'autres recommandent au contraire de penser moins et de sentir plus.[1]

Les mécanismes par lesquels la méditation stimulerait la créativité sont encore mal connus : peu d'études portent sur

1. Voici quelques références sur ce sujet passionnant. Pour une pensée plus rigoureuse, les travaux d'Edward de Bono sont incontournables. *La Boîte à outils de la créativité* (Eyrolles, 2013) en donne une bonne vue d'ensemble. Sur les conditions à mettre en place pour libérer sa créativité, dans un contexte business, le livre de Michael Ray, *Creativity in Business* (Main Street Books, 1988), tiré de son cours à Stanford, reste une belle ressource. Les idées de Robert Sutton, lui aussi professeur à Stanford, sont toujours stimulantes (*Weird Ideas That Work: How to Build a Creative Company*, Free Press, 2000). Sur la dimension collective de la créativité, il est utile de lire le livre d'Alex Osborn, *Applied Imagination : Principles and Procedures of Creative Thinking*, malgré sa date de publication (1953). Il est le père du fameux brainstorming et cette lecture permet de se rendre compte que l'esprit original en a été en grande partie perdu. Les travaux d'Otto Scharmer (voir chapitre 6) sont aussi fondamentaux pour cultiver la créativité en équipe. Enfin, pour une perspective entièrement différente, du côté de la non-pensée, le livre du violoniste Stephen Nachmanovitch, *Free Play : Improvisation in Art and Life* (Tarcher, 1991) est magnifique. Ces livres ne sont malheureusement pas traduits en français (sauf celui d'Osborn, traduit en 1959 par Dunod, mais épuisé).

leur lien, même si les recherches progressent et si certains résultats intéressants sont déjà disponibles (voir encadré ci-après).

Cependant, une expérience personnelle de la méditation permet de dégager quelques pistes : l'activité mentale se ralentit, les pensées se font moins nombreuses, l'espace se crée pour que des idées qui étaient reléguées à la limite de la conscience montent à la surface, des idées parfois totalement inattendues. Ce sont précisément celles contournant le filtre rationnel qui peuvent contenir une forte charge créative.

Parallèlement, il se pourrait que « la créativité découle tout simplement du bonheur », comme l'a formulé un des décideurs interrogés (Peter). Ainsi, les personnes heureuses seraient plus créatives. Dans les années à venir, les chercheurs sauront certainement préciser ces liens entre méditation, bonheur et créativité.

Méditation et créativité
Le point de vue d'un neuroscientifique

Peu d'études scientifiques ont été publiées jusqu'à présent sur le lien entre méditation et créativité. Néanmoins, deux études intéressantes suggèrent que la méditation favorise la résolution de problèmes nécessitant de la créativité.

La première étude partait de l'hypothèse que la méditation, qui permet d'être conscient sans penser, facilite la résolution de problèmes. Les participants ont rempli un questionnaire mesurant leur capacité de pleine conscience (*mindfulness*). Les résultats montrent que cette capacité de pleine conscience est corrélée à la résolution de problèmes demandant de la créativité, mais pas à la résolution de problèmes ne demandant pas de créativité (Ostafin, 2012).

La deuxième étude a examiné la possibilité que des types de méditation différents puissent avoir des effets distincts sur

☞

☞

la créativité. Les résultats montrent que les deux styles de méditation améliorent l'humeur subjective des participants. En outre, la méditation ouverte (*open-meditation*, OM) favorise le mode de pensée divergent, c'est-à-dire qui permet de générer un grand nombre d'idées rapidement. En revanche, le style de méditation par attention focalisée (*focused-attention*, FA) ne favorise pas la créativité (ni le mode de pensée divergent, ni le mode de pensée convergent, qui permet de générer une solution à un problème particulier). Les chercheurs suggèrent que l'état d'esprit positif induit par la méditation est particulièrement bénéfique pour le mode de pensée divergent, dont l'exemple type est le brainstorming (Colzato, 2012).

En attendant des recherches plus approfondies, les témoignages de Mandar Apte (Shell) et Padmasree Warrior (Cisco) sont particulièrement instructifs. Il est intéressant de noter que tous deux sont ingénieurs de formation, de même que Meng, de Google.

Mandar Apte rejoint en 2008 l'équipe Game Changer, une équipe mondiale dont la mission est de stimuler l'innovation au sein de Shell. Convaincu par sa propre expérience que la méditation peut favoriser la créativité, il propose à son patron de créer le programme Empower. Celui-ci comprend deux parties :

- une introduction de deux heures à la pratique de la méditation et à la relation entre méditation et innovation ;
- un séminaire de deux jours qui propose aux participants un approfondissement.

Près de 2 000 collègues (tous volontaires) ont déjà participé à la session d'introduction et 500 se sont inscrits au séminaire de deux jours. Pour Mandar Apte, les résultats obtenus sont convaincants, à juger par les nombreux témoignages qu'il reçoit, montrant en particulier que beaucoup de participants sont parvenus à « créer des connexions au-delà de leurs compétences traditionnelles »[1].

Padmasree Warrior, *Chief Technology Officer* (CTO) chez Motorola puis chez CISCO, est considérée par le magazine *Fortune* comme l'une des quatre étoiles montantes dans son classement des femmes les plus influentes[2]. Responsable de l'activité de 20 000 ingénieurs, elle est aussi convaincue que sa pratique quotidienne de la méditation nourrit sa créativité. Comme elle le dit, « la méditation est comme une "réinitialisation" (*reboot*) du cerveau et de l'âme ». À noter qu'elle n'oppose absolument pas créativité et capacité d'analyse : « Nourrir sa créativité est essentiel pour développer sa capacité d'analyse. »

L'enjeu est de ne pas envisager la méditation comme une méthode pour produire des idées créatives. Ce serait réduire la méditation à un moyen, ce qui, en plus de fâcher les puristes, créerait une tension inutile allant à l'encontre de l'objectif recherché.

C'est parce que la méditation crée un espace de liberté dans l'esprit que les idées créatives ont une chance de faire surface. Le vide est parfois nécessaire pour faire émerger de la

1. « They have built connections that are beyond their traditional skill pool. » La question de l'évaluation est discutée en détail dans cette interview vidéo : *http://www.youtube.com/watch?v=4oGMqk5w-Ts.* Il privilégie les témoignages dans son évaluation, ce qu'il appelle *stories of empowerment.*
2. *Most Powerful Women list.*

richesse. Comme le dit Lao Zi dans le classique *Le Livre du Tao*, c'est le vide entre les murs qui donne toute sa valeur à une maison ![1]

En poursuivant cette logique, il est essentiel d'apprendre à accueillir les moments d'absence de créativité, d'« accepter les pannes sèches » (*allowing stuckness*), comme S. Gordhamer le formule dans son livre *Wisdom 2.0*[2]. La pratique de la méditation encourage précisément cette attitude (voir la méditation sur l'acceptation dans le chapitre 3). Elle aide donc à la fois à être plus créatif et à accepter les moments où nous ne le sommes pas.

Expérience : méditer avant de s'engager dans une tâche créative

Prenez le temps d'organiser une session de méditation d'au moins dix minutes avant de débuter une tâche demandant de la créativité. Observez votre niveau de créativité alors que vous entamez votre activité, puis la façon dont il évolue.

Si vous tombez en panne créative au cours de la tâche, pratiquez l'acceptation en organisant une nouvelle séance de méditation. Vous avez peut-être besoin de silence intérieur pour fertiliser votre esprit…

À la lumière des éléments abordés dans cette première partie de chapitre, la méditation est donc une pratique d'une grande richesse pour les décideurs qui sont décidés à améliorer la qualité de leur leadership.

1. *La Voie et sa vertu : Tao-tê-king*, Lao Zi, traduction de François Houang et Pierre Leyris, Seuil, 2004.
2. *Wisdom 2.0*, *op. cit.*, p. 97.

Les effets de la méditation peuvent aussi être reproduits avec une dimension collective, et enrichir le travail en équipe en favorisant la sérénité, l'écoute, l'empathie, la créativité et l'intuition. Comme nous le verrons dans les chapitres 6 et 7, ce n'est pas une utopie : des initiatives récentes vont dans ce sens.

Auparavant, explorons le défi que représente pour beaucoup de décideurs une pratique régulière, ainsi que le risque d'autosatisfaction confortable qui peut empêcher la progression vers la dimension la plus profonde de la méditation.

LA NÉCESSITÉ ET LE DÉFI D'UNE PRATIQUE RÉGULIÈRE

« En nettoyant les toilettes :
Que c'est merveilleux de frotter et de nettoyer
Jour après jour,
Le cœur et l'esprit deviennent de plus en plus clairs. »[1]
Thich Nhat Hanh

Pourquoi une pratique régulière serait-elle nécessaire ? Si la méditation est si efficace, ne serait-il pas suffisant de pratiquer de temps en temps ? Deux raisons au moins plaident pour une pratique régulière.

1. Ce court texte proposé par Thich Naht Hanh est appelé un gatha. Les gathas, dans la tradition bouddhiste zen, sont des courts textes à lire ou se remémorer à différents moments de la journée pour cultiver la pleine conscience. Dans son livre *Pratique de la méditation à chaque instant. Petit guide pour nos vies trop occupées* (Le Courrier du Livre, 2011), Thich Nhat Hanh en présente une quarantaine, correspondant tous à des situations très concrètes (allumer son ordinateur, répondre au téléphone, etc.), et sont une source d'inspiration que l'on soit bouddhiste ou non.

Le métier de décideur est si exigeant – tant de défis à relever, de décisions à prendre, de pression à gérer – que les effets de la méditation peuvent rapidement être érodés, d'autant plus que l'environnement même dans lequel le décideur évolue contribue à le mettre sous tension permanente (certains quartiers des affaires ou certaines cultures d'entreprise sont particulièrement efficaces pour cela).

Par ailleurs, du fait de la plasticité neuronale (voir l'encadré sur ce sujet dans le chapitre 2), il est désormais établi que plus la pratique est régulière, plus les effets dans le cerveau sont significatifs et, au passage, plus la méditation devient facile.

En fait, une fois que les premiers résultats apparaissent, il semble se mettre en place une dynamique orientée vers davantage de pratique. Ainsi, la grande majorité des décideurs interrogés expriment le besoin et l'envie d'augmenter progressivement la fréquence de leur pratique – à l'exception de trois d'entre eux qui préfèrent une pratique occasionnelle, quand ils en ressentent le besoin.

Que signifie une pratique régulière ?

Pratiquer régulièrement ne signifie pas nécessairement s'asseoir sur un coussin chaque matin ou soir. Certes, cette méditation formelle offre des conditions idéales car les distractions sont limitées (seule demeurent celles à l'intérieur de l'esprit, ce qui déjà occupe bien !), mais la méditation est une attention à l'instant présent qui peut être pratiquée à tout moment. Certains décideurs y consacrent les dix premières minutes de leur trajet (en voiture[1] ou en train), d'autres s'y adonnent entre deux rendez-vous, profitent

1. Contrairement à ce que l'on pourrait imaginer, adopter une attitude méditative en conduisant renforce notre sécurité : nous sommes entièrement présents à tout ce qui se passe, vigilants, attentifs à la route, à notre vitesse

des « temps morts » au cours de leurs déplacements professionnels (à l'aéroport notamment) ou s'arrêtent dans un parc en fin de journée avant de rentrer chez eux.

Les possibilités sont nombreuses et varient selon les conditions de travail et l'emploi du temps de chacun. Le plus important est de repérer les moments favorables à la pratique qui peuvent s'inscrire de façon régulière d'une journée à l'autre. Ces moments deviendront des repères qui indiquent que l'heure de la pratique est venue. Par exemple, en prenant l'habitude de pratiquer quelques minutes avant le déjeuner, vous vous rappellerez de méditer dès que l'heure du déjeuner approchera.

Réflexion : identifiez vos repères pour une pratique régulière

Identifiez deux ou trois moments dans une journée type qui reviennent régulièrement, avant ou après lesquels vous pourriez pratiquer.
À la réflexion, il y a beaucoup d'actions qui entrent dans la routine quotidienne en plus de se lever et se coucher !

Idéalement, il s'agit d'effacer progressivement la frontière entre les moments de pratique et le reste de la journée, de manière à être en permanence en état de présence à soi-même, attentif à l'instant présent. C'est précisément l'aspiration des moines ! Déjà difficile à atteindre pour eux, alors que tout dans leur vie est orienté pour les soutenir dans leur pratique, cela semble un horizon lointain pour les décideurs immergés dans l'action. Mais c'est un horizon inspirant, qui aide à multiplier les moments de pratique. Tout moment de pratique est un pas sur le chemin.

---

et aux autres véhicules, au lieu d'être perdus dans nos pensées (voire emportés par une émotion).

Expérience : l'attention au moment présent pendant une réunion

Une réunion que vous n'animez pas est un bon terrain d'expérimentation pour pratiquer l'attention à l'instant présent. Lorsque vous n'avez pas à prendre la parole, placez une partie de votre attention sur votre respiration tout en portant l'autre partie sur le contenu des conversations. Vous remarquez que vous êtes tout aussi présent que les autres participants, et peut-être même plus, certains étant perdus dans leurs pensées ou occupés à préparer leur prochaine intervention. Votre esprit est ouvert, attentif.

Vous pouvez continuer l'exercice même lorsque vous devez prendre la parole, surtout si la réunion est tendue. Prendre trente secondes ou une minute pour revenir à l'instant présent entre vos interventions vous aidera à créer une atmosphère favorable à l'écoute, et à éviter de conduire les débats de façon trop rigide.

Par ailleurs, proposer des temps de silence invite chaque participant à recentrer son attention sur la réunion quand celle-ci devient trop dispersée.

En intégrant la pratique aux activités quotidiennes, chaque moment de la journée devient une occasion de revenir à soi. Une pratique formelle, cependant, reste recommandée car elle est moins susceptible de disparaître sous la pression des circonstances. Or, c'est précisément dans les moments difficiles, au plus fort d'une crise, quand tout semble aller de travers et que nous sommes épuisés et tendus, que nous avons le plus besoin de méditer. Contrairement à Emiko qui identifie justement l'épuisement et la tension comme des signaux qu'il est temps de se recentrer, la tendance la plus courante est de remettre la pratique à plus tard, à des jours meilleurs qui tardent parfois à venir.

> Si vous n'arrivez jamais à trouver dix minutes pour méditer, il est peut-être temps de pratiquer trente minutes…

Le matin est certainement la période la plus propice à une pratique régulière, car cela suppose seulement de se lever dix, quinze ou vingt minutes plus tôt. Plus facile à dire qu'à faire, mais cet effort invite à réfléchir sur la façon dont vous utilisez votre sens de la discipline qui, comme la mémoire, est sélectif. Combien d'heures de votre vie avez-vous consacré à apprendre un sport, à jouer de la musique ou à déployer votre carrière ? Comment alors imaginer que les bienfaits de la méditation puissent se faire ressentir en n'y consacrant que dix minutes ici ou là, quand l'envie vous en prend ? Au-delà de la méditation, c'est la place laissée au cheminement vers la sagesse qui est en jeu. De tout temps, seule une minorité d'hommes y ont consacré l'ensemble de leur vie, tandis que la grande majorité n'y a pas prêté grande importance. N'y aurait-il pas une voie médiane dans laquelle l'apprentissage de la sagesse recevrait une attention non pas exclusive mais régulière ? Cela conduit à s'interroger sur le rôle des institutions qui forment les décideurs, point essentiel sur lequel nous reviendrons dans le chapitre 7.

Cultiver une discipline qui rime avec joie et sens

Aux décideurs qui affirment qu'ils n'ont pas assez de rigueur pour pratiquer la méditation, je réponds souvent : ne pensez-vous pas que vous êtes capables d'un grand sens de la discipline pour conduire votre business, vous lever tôt, contrôler vos indicateurs financiers ou assurer la progression de votre équipe ou entreprise vers les objectifs fixés ?

Une fois que la pratique apporte suffisamment de sens et de joie, il devient plus facile d'aménager le temps nécessaire, quitte à organiser une transition progressive vers une pratique quotidienne, en partant de quelques moments de pratique par semaine. Dès lors, même si des interruptions de plusieurs semaines ou mois interviennent à l'occasion de périodes particulièrement chargées, la discipline se maintient sur la durée.

Malgré cette discipline et la volonté de pratiquer, il arrivera toujours des moments où la tentation sera grande de repousser la méditation à plus tard. Une question essentielle à se poser est alors : qu'est-ce qui pourrait être si important que cela ne puisse pas attendre cinq, dix ou quinze minutes ?

Expérience : identifier l'essentiel

Réglez votre alarme pour vous octroyer un temps de méditation au cours des prochains jours. Lorsque l'alarme se déclenchera et que le moment de pratiquer sera venu, si vous hésitez à vous y mettre, observez quelles sont les autres activités qui essaient de s'imposer comme plus importantes ou plus urgentes.

Rappeler ce client ? Écrire cet e-mail ? Aller faire du sport ?

Mais ne serait-ce pas exactement la même chose de le faire dans dix minutes ?

Finalement, qu'est-ce qui est vraiment plus important que ce temps de pratique ?

En étant tout à fait honnête, il ressort de cette expérience que peu de tâches justifient de repousser à plus tard un temps de pratique.

Les effets de la méditation consolidés, un basculement s'opère : au lieu de s'accorder des temps de pratique quand tout le reste est bouclé (ce qui arrive rarement dans la vie d'un décideur), la priorité est donnée à ces moments par rapport aux innombrables activités concurrentes. La mission du décideur se déroule alors de plus en plus autour de ses temps de pratique qui lui permettent de l'accomplir avec davantage de présence et de conscience.

Combiner discipline et tendresse

Cultiver une discipline de pratique ne signifie pas être trop strict avec vous-même et glisser dans l'autocritique à chaque fois que vous perdez en rigueur. Comme expliqué dans le chapitre 2, les termes succès et échec doivent être mis de côté lorsqu'il s'agit de méditation. La pratique n'est pas supposée devenir une source de pression supplémentaire (il y en a suffisamment comme cela !).

Ce n'est pas une démarche aisée pour les décideurs, habitués à juger leur action sur une échelle dont le succès et l'échec sont les seuls critères. Au lieu d'associer la discipline au succès ou à l'échec, préférez un autre terme : la tendresse. Faites preuve de tendresse envers vous-même chaque fois que l'intention de pratiquer passe à l'as, quelle qu'en soit la raison.

Si vous êtes parent, imaginez que votre enfant a sincèrement essayé de bien faire, mais qu'il a échoué et s'en sent triste. Allez-vous le critiquer pour n'avoir pas essayé avec suffisamment de détermination ? Ou allez-vous le réconforter avec tendresse, en lui disant qu'il fera mieux la prochaine fois ?

Une telle tendresse ne compromet pas la discipline mais elle la nourrit, car elle l'enrichit d'une légèreté qui lui fait perdre son aspect pesant. En parallèle, mettre en place un système de soutien renforce ses chances de persévérer dans la pratique.

Mettre en place un environnement de soutien à la pratique

Les moines ont choisi un cadre où tout est fait pour favoriser leur pratique : ils vivent au cœur de la nature, dans une communauté où chacun s'encourage, et leurs journées sont rythmées par des rappels à la méditation.

En tant que décideur immergé dans l'action, vous avez aussi besoin de soutien. Planifier à l'avance des temps de méditation dans son emploi du temps, et peut-être aussi des périodes de retraite, est essentiel pour établir une pratique régulière. Cela minimise le risque qu'elle soit interrompue ou remise à plus tard. L'accompagnement individuel par un maître ou une personne pratiquant depuis longtemps est aussi un soutien précieux, essentiel même dans de nombreuses traditions spirituelles, comme le bouddhisme ou l'hindouisme.[1] Malheureusement, un accompagnement de qualité n'est pas toujours facile à trouver.

Différentes traditions spirituelles proposent à des petits groupes de pratiquants de se retrouver pour pratiquer ensemble et échanger sur leur pratique. Cette forme de soutien est même jugée essentielle dans le bouddhisme, où la communauté (*sangha*) reçoit une grande attention. La plupart des centres de méditation bouddhistes proposent ainsi ce type de pratique en groupe.

À quelques exceptions près, comme les groupes formés autour des instructeurs MBSR, il existe encore peu de groupes similaires qui ont une approche laïque de la méditation. De plus, ces groupes ne permettent pas aux décideurs d'échanger sur des thèmes liés à leur leadership, ce qui est pourtant essen-

1. Un tel accompagnement était aussi essentiel dans le christianisme, surtout pour les décideurs, aidés par des « directeurs de conscience ». Cette pratique existe toujours, sous le nom d'accompagnement spirituel.

tiel, comme le montre l'expérience réussie des groupes « True North » promus par Doug Baker et Bill George (l'ancien PDG de Medtronics). Ces groupes, décrits dans leur livre éponyme, proposent un cadre où les décideurs se retrouvent régulièrement (six à huit participants seulement) pour échanger, dans un climat de confiance, sur les défis qu'ils rencontrent et l'alignement de leur action avec leurs valeurs.[1]

Il y a donc une vraie nécessité de créer des groupes qui proposent à la fois une pratique laïque de la méditation et un échange sur les expériences de leadership des participants. Pourquoi n'en seriez-vous pas l'initiateur dans votre ville ?[2]

Pratique

Si vous connaissez deux ou trois décideurs qui ont un intérêt similaire pour la méditation, vous avez peut-être déjà le premier noyau d'un groupe. Pourquoi ne pas leur proposer d'en faire l'expérience ?

Pour que celle-ci soit la plus riche possible, veillez à la qualité de l'animation. Plusieurs options sont possibles (voir les suggestions proposées dans le livre *True North Groups*).

Enfin, la technologie, si décriée pour son rôle dans l'accélération du rythme de travail et l'intensification de la pression, peut aussi se révéler un soutien. Les moines ont les cloches du monastère, mais les décideurs ont leurs téléphones et leurs ordinateurs ! S'ils constituent une partie du problème, ils en sont aussi la solution. Les téléphones, par exemple,

1. Pour plus d'informations, voir *True North Groups : a Powerful Path to Personal and Leadership Development*, Bill George, Doug Baker, Berrett-Koehler, 2011.
2. Plusieurs groupes sont en cours de constitution en France. Pour plus d'informations, voir *www.sebastienhenry.com*.

peuvent être utilisés comme des « cloches » rappelant que le moment est venu de pratiquer. Alors que je travaillais à Hong Kong, une ville à l'énergie vibrante qui me posait des difficultés pour me centrer, j'utilisais ainsi cette fonction plusieurs fois par jour.

Au-delà, les smartphones disposent de multiples applications qui viennent soutenir une pratique régulière. Stillnessbuddy, par exemple, est une application qui envoie des messages de rappel sur un smartphone ou un ordinateur, avec une grande flexibilité d'utilisation :

- possibilité de choisir le contenu des messages, issus des enseignements de plusieurs traditions (dont certains sont laïcs) ;
- possibilité de créer ses propres messages (par exemple en enregistrant des phrases qui nous inspirent) ;
- choix de la fréquence et de la durée d'affichage des messages ;
- option de les faire disparaître ou non lorsque le moment n'est pas approprié (dans l'option la plus rigoureuse, il n'est pas possible de faire disparaître le message de l'écran pendant la durée choisie, et aucune autre tâche n'est possible).[1]

Enfin, il est également utile, surtout au début du parcours, de garder une trace, sur un simple document Excel ou sur un carnet, des jours où vous êtes parvenu à méditer. Cela prend une minute chaque soir et peut vous aider à persévérer, à condition de l'utiliser comme une invitation à pratiquer le lendemain et non comme un instrument de pression excessive.

---

1. L'option qui interdit de faire disparaître le message et empêche toute autre utilisation de l'ordinateur est intéressante à utiliser. Il est en effet très tentant de supprimer le message lorsque l'on est tendu, c'est-à-dire précisément quand le besoin de pratiquer est le plus fort.

Pratique : un cadre de soutien

Quel élément de soutien pouvez-vous mettre en place dès maintenant ?

Une fois la régularité de la pratique installée, il subsiste un risque : celui de s'en satisfaire et ne pas chercher à progresser vers la dimension la plus profonde de la méditation.

UNE POINTE D'ORGUEIL ?

Différentes traditions spirituelles reconnaissent l'orgueil comme un piège attendant les pratiquants. Pour reprendre la métaphore de la montagne, l'orgueil venant d'une pratique régulière consisterait à ralentir le pas ou s'arrêter au bord du chemin, et regarder ceux qui sont restés en bas, dans la vallée, avec un certain sentiment de supériorité. Une telle attitude peut s'insinuer sans que nous en ayons conscience.

Entravant la progression, cette complaisance envers soi-même rend difficile le ressenti des effets les plus profonds de la méditation. Pour contrer cette inclination, les maîtres bouddhistes japonais parlent de « l'esprit du débutant », qui consiste à toujours pratiquer comme si c'était la première fois. Quel que soit le niveau atteint, il s'agit de faire chaque pas avec la même attention que le premier. Si elle paraît simple et évidente, une telle attitude demande de la vigilance.

Pratique : l'esprit du débutant

À intervalles réguliers, lorsque vous méditez, et surtout lorsque vous apercevez en vous des signes de routine ou de complaisance, imaginez qu'il s'agit de votre première session.

Rappelez-vous la vigilance dont vous faisiez alors preuve pour appliquer les consignes qui vous avaient été données.

Faites preuve de la même vigilance dès maintenant dans votre pratique.

Cette vigilance aide à progresser vers la dimension la plus profonde de la méditation : elle propose aux décideurs qui le souhaitent de repenser la place que prend l'ego dans leur action et le rôle qu'ils se donnent. S'engage alors une période de transformation intérieure.

5

UNE TRANSFORMATION INTÉRIEURE QUI INVITE À REPENSER SON RÔLE DE DÉCIDEUR

« La plupart des cultures d'entreprise ne favorisent pas l'amour et la bienveillance parce que leurs dirigeants ne les ont pas eux-mêmes intégrés dans leur propre vie. Nous avons besoin d'exemples, de leaders qui sont des êtres humains complets, combinant l'amour et la force, et apportant la preuve qu'il n'y a pas de contradiction entre les deux. »

John Mackey
PDG de Whole Foods Market[1]

Les effets de la méditation qui vont maintenant être abordés sont plus difficiles à décrire par des mots parce qu'ils comportent une part de subjectivité et de mystère. Cela ne veut pas dire qu'ils sont dénués d'intérêt : même les scientifiques s'intéressent désormais aux témoignages subjectifs (*first account experiences*) en tant que sources d'informations supplémentaires.

Pourtant, ils sont souvent ignorés par la littérature sur le leadership, et même absents de la plupart des ouvrages sur la *mindfulness* destinés au monde de l'entreprise. D'ailleurs, lors de conversations avant l'écriture de ce livre, il m'a souvent

1. *Conscious capitalism*, *op. cit.*, location 3851.

été recommandé de ne pas l'aborder au motif que cela pouvait rebuter certaines personnes.

Toutefois, ces effets représentent la partie la plus riche du chemin pour environ un tiers des décideurs interrogés, c'est pourquoi ce chapitre y est consacré.

De quoi s'agit-il ?

Plus nous pratiquons et plus nous sommes invités à nous approcher de la dimension spirituelle de la méditation (la troisième étape sur le chemin dans le dessin ci-dessous). Comme dans le chapitre 2, la spiritualité est ici entendue comme l'art de se relier à « plus grand que soi », de prendre soin de son âme, indépendamment de ses croyances religieuses.

Cette invitation, chacun est libre de la refuser et peut très bien choisir de s'intéresser exclusivement à d'autres aspects de la méditation. Là réside toute la beauté de cette pratique de sagesse.

Pour les décideurs qui le souhaitent, la méditation peut les conduire à une ouverture du cœur et à un repositionnement de l'ego, diminuant leur influence sur leurs décisions et plus généralement sur leur vie. Se posent alors des questions essentielles : peut-on encore diriger de manière efficace si l'on répond à l'invitation ? Comment appréhende-t-on alors son rôle de décideur ?

FAVORISER L'OUVERTURE DU CŒUR

« L'amour se déploie d'autant plus librement que nous sommes en rapport avec la racine de notre propre humanité. »
Fabrice Midal[1]

En dehors de la chirurgie, l'expression « ouverture du cœur » semble n'être qu'une métaphore. Cependant, elle illustre aussi littéralement ce qui se passe dans le corps avec la pratique de la méditation.

En effet, un point peut se faire ressentir, généralement situé au niveau du plexus (au centre de la poitrine) qui prend du volume et s'étend vers l'extérieur. La capacité d'amour semble se renforcer au-delà même du cercle des proches, comme si elle s'écoulait vers un nombre beaucoup plus important de personnes. Nous nous sentons plus concernés par leur sort. L'empathie et la compassion évoquées dans le précédent chapitre prennent ainsi une forme à la fois plus intense et plus « incarnée ».

Cette sensation d'ouverture du cœur peut paraître étrange. S'il y a peu de travaux scientifiques sur le sujet, certaines expériences courantes permettent de mieux le comprendre.[2]

1. *Méditations sur l'amour bienveillant*, *op. cit.*, 1re méditation du 3e CD.
2. Des travaux passionnants sur le cœur sont toutefois menés par le Heartmath Institute aux États-Unis. Ils tendent à montrer que le cœur est bien plus qu'une simple « pompe » : il s'agirait plutôt d'un centre de traitement de l'information complexe qui communique avec le cerveau au moyen du système nerveux et hormonal. Les chercheurs du Heartmath Institute tentent en fait de clarifier ce qui a été empiriquement ressenti depuis des siècles, à savoir que la zone du cœur était le siège de la sensation d'amour et d'autres émotions positives. Pour en savoir plus, un ebook de 70 pages est téléchargeable gratuitement sur *http://www.heartmath.org/research/science-of-the-heart/introduction.html*.

Par exemple, lorsque vous pensez à votre conjoint ou votre enfant, ou lorsqu'il se trouve à côté de vous, ressentez-vous ce « flot » d'amour dans votre poitrine ? L'ouverture du cœur est une sensation équivalente mais dirigée vers un grand nombre de personnes. Ce processus est décrit avec précision dans différentes traditions spirituelles, telles que l'hindouisme qui accorde beaucoup d'attention à l'ouverture des chakras, ces centres énergétiques situés dans différentes parties du corps.[1]

Certains maîtres spirituels que j'ai eu la chance de rencontrer semblaient capables d'offrir la même qualité et la même intensité d'amour à n'importe quelle personne. C'est une expérience émouvante de les observer car ils sont des témoignages vivants qu'une ouverture du cœur est possible au-delà de ce que nous pouvons imaginer.

Pour beaucoup de décideurs, ce thème de l'ouverture du cœur n'est pas familier. Mais c'est justement ici que la fonction du pont entre sagesse et business prend toute sa valeur.

Lors d'une émission de radio à laquelle je participais, un chef d'entreprise répondant à la question de la journaliste « peut-on parler d'amour quand on est décideur ? », affirmait : « L'amour est un mot trop beau, trop fort pour pouvoir être associé à la réalité du travail en entreprise. » Il y a en effet dans l'amour une dimension sacrée, mais en même temps, c'est précisément parce que l'amour est un mot beau et fort qu'il faut tout mettre en œuvre pour essayer de l'adapter à la réalité de l'entreprise. Quelques mois plus tard, lors d'une conférence intitulée « Sagesse et Management », le chef Thierry Marx,

1. Chakra est un mot issu du Sanscrit qui signifie roue. Sept chakras sont traditionnellement identifiés, dans différentes partie du corps. Le quatrième chakra, ou chakra du cœur, qui est associé à l'amour inconditionnel, est situé au centre de la poitrine.

décrivait l'essence de sa démarche pour l'ouverture du Mandarin Oriental à Paris (avec 400 personnes sous sa responsabilité), comme un effort conscient de « mettre l'amour et l'amitié au cœur de son management ». Ainsi, le turnover dans les équipes qui se situe normalement autour de 80 % dans l'année suivant l'ouverture d'un établissement similaire, n'avait atteint que 30 % (un chiffre toujours considérable dans d'autres secteurs, mais qui selon lui faisait la preuve que sa démarche avait porté ses fruits).[1]

De même que le cœur en tant qu'organe, le cœur comme fonction spirituelle suit un cycle d'expansion et de contraction. Le stress et l'agitation sont des facteurs qui le contractent. L'enjeu pour les décideurs est donc de veiller à l'ouverture du cœur à travers leur pratique, jour après jour, en faisant spécialement attention aux moments où il se ferme. Dans mon propre cheminement, je me suis aperçu à de multiples reprises que laisser se prolonger trop longtemps une période de stress tournait à une fermeture du cœur assez radicale. Ma capacité à aimer même les êtres les plus proches était alors compromise, le reste du monde disparaissait, et il me fallait du temps pour enrayer cette contraction et relancer un cycle d'expansion. Il est très difficile d'aimer quand tout l'esprit est occupé par un flot constant d'inquiétudes liées à l'avenir ou de regrets liés au passé.

Christophe André cite dans *Se changer, changer le monde* une étude conduite par une équipe de psychologues sur la façon dont le stress contribue à la fermeture du cœur. Les chercheurs ont demandé à des étudiants en théologie de préparer

1. Le parcours même de Thierry Marx, ancien militaire puis éducateur spécialisé avant de devenir chef de haut niveau, indique à lui seul que cette ambition de mettre l'amour au cœur de son management n'est pas incompatible avec un engagement professionnel où la fermeté est nécessaire.

un discours sur la parabole du Bon Samaritain[1] puis d'aller l'enregistrer dans un studio à proximité. Le premier groupe devait s'y rendre sans traîner, mais disposait du temps nécessaire. Au contraire, le second devait s'y rendre le plus rapidement possible, au risque de ne pas pouvoir enregistrer le discours. Sur le chemin du studio, un complice des chercheurs était allongé sur le sol. Seuls 10 % des étudiants du deuxième groupe (ceux qui se dépêchaient) se sont arrêtés pour lui prêter assistance, contre 60 % dans le premier groupe.

Comme le souligne Christophe André, il est triste de constater avec quelle rapidité les bonnes intentions se perdent. Il note que cette étude a un côté « déprimant, humiliant, déconcertant », qui appelle à une grande modestie, et il conclut : « Il faut débusquer inlassablement les façons dont, dans nos vies, l'impression d'être bousculé par le temps, par la masse des choses à faire, peut progressivement dénaturer nos capacités à être de bons humains. »[2]

Parce qu'une pratique régulière de la méditation aide à prendre conscience de ce cycle d'expansion et de contraction du cœur, elle encourage à voir la capacité à aimer comme une ressource précieuse. Il en va de la responsabilité de chacun de

1. La parabole du Bon Samaritain met en scène un voyageur attaqué et laissé pour mort par des bandits. Un prêtre et un Lévite, représentant l'orthodoxie religieuse (juive) de l'époque, passent à côté de lui et ne s'en préoccupent pas. Or un Samaritain, représentant d'une population que les Juifs tiennent pour impie, se montre capable de compassion envers cet inconnu grièvement blessé, qui n'est pas de sa religion. Ce samaritain donnera du temps, prodiguera des soins et donnera de son argent pour sauver le malheureux (adapté de l'article de Wikipedia).
2. *Se changer, changer le monde*, *op. cit.*, p. 59-60. Pour l'étude originale, voir Darley J. M., Batson C. D. (1973), « From Jerusalem to Jericho : a Study of Situational and Dispositional Variables in Helping Behavior », *Journal of Personality and Social Psychology*, 27(1), 100.

ne pas laisser l'ouverture du cœur au hasard, en considérant que la capacité à aimer varie comme la pluie et le beau temps.

Comment favoriser cette ouverture du cœur ? D'une part, la pratique régulière de la méditation intensifie l'empathie et la compassion au point qu'elles « prennent corps », comme l'ont indiqué certains décideurs. D'autre part, d'autres décideurs, comme François, ressentent, à un stade de leur vie, le besoin d'ériger l'ouverture du cœur au premier rang de leurs priorités et s'engagent pour cela dans une pratique spécifique. Il existe en effet des formes de méditation pour faciliter ce processus. En voici deux particulièrement adaptées.[1] Essayez-les avec un esprit de curiosité avant de décider si elles peuvent ou non vous convenir.

Pratique 1 : mettre le cœur en mouvement

Chaque matin, après un temps de méditation centrée sur votre respiration (ou autre forme que vous avez apprise), formez l'intention de déployer dans la journée tout l'amour dont vous êtes capable.

Pour cela, imaginez que votre cœur entre dans une phase d'expansion, et que l'amour dont vous êtes capable s'écoulera vers les personnes rencontrées au cours de la journée. Vous pouvez même en visualiser certaines, imaginer qu'elles sont là, juste devant vous.

1. Elles présentent des similitudes avec les méditations sur la compassion présentées au chapitre précédent, mais ajoutent une dimension corporelle.

Pratique 2 : un sublime échange

Cette pratique s'inspire d'une forme de méditation très importante dans la tradition tibétaine, appelée *tonglen*[1].

Pensez à une personne que vous aimez.

À l'inspiration, imaginez que vous absorbez toutes les souffrances ou la tristesse que cette personne a dû subir ou subit encore.

À l'expiration, imaginez que vous envoyez à cette personne tout l'amour et la compassion dont vous êtes capable. Vous pouvez choisir de visualiser la diffusion de cet amour et cette compassion à partir de votre cœur.

Puis étendez progressivement la pratique :

– aux personnes que vous appréciez ;

– aux personnes qui vous sont indifférentes ;
aux personnes que vous n'appréciez pas ;

– aux personnes que vous détestez.

Pour aller plus loin

Cette pratique est décrite en détail dans de nombreux ouvrages, notamment *L'Entraînement de l'esprit* de Chogyam Trungpa.[2]

1. *Tonglen* est le terme tibétain pour donner-recevoir (ou envoyer et prendre). Cette pratique remonterait au Xe ou XIe siècle. Elle devint plus connue grâce au lama Chekawa Yeshe Dorje (1101–1175), dans son *Sept points de l'entraînement de l'esprit*. L'expression « sublime échange » est empruntée à Matthieu Ricard (*L'Art de la méditation*, NiL, 2008, p. 90).
2. L'entraînement de l'esprit et l'apprentissage de la bienveillance, Chogyam Trungpa, Seuil, 2008.

REPOSITIONNER L'EGO

« Tout sujet humain porte en lui deux quasi-logiciels : l'un est celui de l'auto-affirmation égocentrique qu'exprime le Moi-Je, et qui est vital pour se nourrir, se défendre, se développer ; l'autre est le logiciel du Nous qui inscrit le Je dans une relation d'amour ou de communauté au sein de sa famille, de sa patrie, de son appartenance religieuse, de son parti. Notre civilisation a surdéveloppé le premier «logiciel» et a sous-développé le second. Mais celui-ci n'est qu'assoupi ; il s'agit de l'inciter à se réveiller. »

Edgar Morin[1]

Parallèlement à l'ouverture du cœur, un autre changement d'ampleur peut se produire : l'ego perd une partie de son emprise. L'ego peut être défini comme la force en nous qui exige toujours plus (de reconnaissance, de pouvoir, d'argent, etc.), et qui sans cesse juge et compare ce que nous possédons par rapport aux autres.

Généralement, l'éducation garantit que l'ego exerce une influence majeure sur notre vie : nous apprenons très tôt, à l'école, que le succès signifie avoir des meilleures notes que ses camarades de classe. La plupart des décideurs sont à leur poste parce qu'ils ont été performants dans ce jeu compétitif : bons à l'école, bons dans leurs études supérieures, puis dans leur premier poste de management. Se comparer aux autres est devenu une habitude, presque une seconde nature.

La pratique de la méditation est un miroir efficace qui renvoie une image juste de l'influence qu'exerce l'ego sur nous, à quel point il dirige nos actions. Des exemples de cette influence se nichent dans les multiples petites frustrations de la vie quoti-

1. *La Voie : pour l'avenir de l'humanité*, Edgar Morin, Fayard, 2011, p. 98.

dienne, tel ce jour où je constatais à quel point j'étais impatient de m'installer dans un avion après être entré dans la cabine. Les passagers qui prennent un temps infini pour ranger leurs bagages m'agaçaient. Je me posais alors les questions suivantes :

Pourquoi suis-je si impatient ?

Pour m'asseoir dès que possible.

Pourquoi ? (Pour quoi ?)

Pour commencer à travailler ou à lire aussitôt.

Pourquoi ?

Pour obtenir le succès et la reconnaissance auxquels j'aspire.

Pourquoi ?

Hum, hum…

Ce travail de repérage de l'ego ne doit pas tourner à l'autocritique, mais au contraire se transformer en jeu, comme celui où les enfants doivent retrouver un petit personnage caché au milieu d'une image qui fourmille de détails. La traque de son ego est ainsi pacifique, chaque « prise » s'accompagne d'un sourire.

Pratique : repérer les manifestations de l'ego

À chaque fois que vous ressentez une tension, une frustration ou une peur, prenez une minute pour examiner si l'ego y joue un rôle en vous posant la question : « pour quoi ? »

Si vous y voyez l'influence de votre ego, ne vous jugez pas sévèrement. Au contraire, félicitez-vous : vous venez de progresser dans la connaissance de vous-même.

Il arrive un moment dans cette prise de conscience où l'influence de l'ego apparaît soudain démesurée et fatigante. Vouloir toujours plus et comparer sans cesse requiert une énergie considérable et se traduit par des dizaines de manifestations émotionnelles chaque jour. Peu à peu, la détermination à ne plus permettre à l'ego d'exercer tant de pouvoir émerge.

La décision est prise de ne plus le laisser systématiquement tenir le volant, mais de le placer sur la banquette arrière. Il est là pour faire des recommandations, dont certaines peuvent être utiles, mais ce n'est plus lui qui fixe la direction. Une liberté fondamentale est recouvrée, celle d'orienter sa vie et son rôle de décideur vers des actions qui ne répondent pas nécessairement aux désirs de l'ego.

Ce type de décision est plus aisé avec la méditation car celle-ci habitue à une conscience plus fine de ce qui se passe dans le corps : nous découvrons que l'ego a une énergie particulière. À chaque fois que le volant lui est laissé, cela se traduit par certains signaux dans le corps, par exemple une énergie intense, ascendante ou tourbillonnante, concentrée dans la tête. À nous d'y prêter attention si nous souhaitons recouvrer notre liberté.

Pratique : identifier les signes que l'ego est aux commandes

Identifiez un événement où votre ego vient d'être flatté (vous remportez un succès d'ampleur) ou au contraire de subir un revers (votre collègue obtient une reconnaissance que vous méritiez).

Marquez une pause pour faire un repérage de ce qui se passe dans votre corps : dans quelle partie se trouve le plus d'énergie ? Est-elle en mouvement ou fixe ? Si elle avait une couleur, laquelle serait-elle ?

Bien sûr, repositionner son ego n'est pas facile. Considérant le formatage de notre éducation, il n'est pas prêt à rester sur la banquette arrière et va tout faire pour reprendre le volant. Vous devrez le remettre à sa place à de nombreuses reprises, avec patience.

Ce processus s'observe en particulier au moment de prendre des décisions, lorsque les options, dont certaines sont clairement celles de l'ego, sont passées en revue. Par exemple, lorsque je codirigeais mon entreprise à Hong Kong, nous discutions régulièrement, avec mon associé, des objectifs de ventes pour l'année à venir. Je m'obstinais alors à fixer les objectifs les plus élevés possibles. Doubler nos ventes, en ayant le pied au plancher, voilà qui plaisait à mon ego (et malheureusement, à l'ego de mon associé aussi). Nous étions grisés par la vitesse et l'ambition, quelqu'en fût le coût pour nous-mêmes et notre entourage (ce n'est pas une considération dont s'encombre l'ego). Jusqu'au jour où j'ai commencé à me poser la question suivante : pourquoi ? Pourquoi toujours la croissance la plus rapide possible ?

Ce genre de question émerge plus facilement quand l'ego est temporairement sur la banquette arrière, notamment suite à une séance de méditation. Les temps de pratique offrent en effet une pause, donnant une chance d'apercevoir ce qui se passe en nous, en particulier la lutte de l'ego pour garder le contrôle.

À ce stade, il est tentant d'envisager le processus comme un combat, voire une guerre ouverte contre l'ego, dont le pouvoir apparaît démesuré et tyrannique. Ne tombez pas dans ce piège : un combat est épuisant et fait toujours apparaître un gagnant et un perdant.

La méditation apporte de la clarté au jeu et facilite le travail en diminuant peu à peu la puissance de l'ego. Il devient alors de plus en plus facile de le replacer sur la banquette arrière.

Comment cela se produit-il ? Les explications rationnelles ayant leurs limites en ce domaine, prenons une autre métaphore. Comme une sculpture de cire exposée au soleil perd chaque jour naturellement de son volume, la méditation (le soleil) réduit la taille de l'ego (la statue de cire). Elle ne l'attaque pas, ne le détruit pas, mais l'amenuise de façon à ce qu'il ne bouche plus toutes les perspectives.

Bien qu'il y ait peu de travaux académiques dans ce domaine, un article de Dambrun et Ricard fait référence à plusieurs études qui confirment que la pratique de la méditation encourage « la réduction de l'ego » ou *selflessness* (la *selflessness* étant définie comme un fonctionnement psychologique caractérisé par une moindre importance accordée à l'ego). Pour les auteurs, ce mode de fonctionnement psychologique, étroitement relié à l'altruisme, à l'empathie et à la compassion, est plus propice à un bonheur « authentique et durable » que le mode opposé appelé *self-centeredness* (centrage sur soi ou sur l'ego).[1]

Pour reprendre la métaphore de la statue de cire exposée au soleil, il paraît logique que celle-ci finisse par complètement disparaître. C'est le processus qui a été décrit dans le cas de rares maîtres spirituels, réputés avoir atteint un stade où ils vivaient sans ego (*egoless state*). Le plus haut accomplissement dans le bouddhisme zen japonais vise aussi cet état.[2]

Le décideur doit-il aussi chercher à l'atteindre ? L'ego est nécessaire à l'efficacité dans le business, il s'agit plutôt d'apprendre à diriger avec un ego positionné à sa juste place (il n'y de toute façon pas lieu de s'inquiéter d'une possible dispari-

1. « Self-Centeredness and Selflessness: a Theory of Self-Based Psychological Functioning and Its Consequences for Happiness », Dambrun et Ricard, *Review of General Psychology*, 2011, Vol. 15, No. 2, 138-157.
2. Le pratiquant s'éveille alors à sa « vraie nature », ou *honshō* (本性), un phénomène appelé *kenshō* (見性). Dans le vocabulaire du christianisme, est plutôt évoquée l'identification de la volonté de Dieu, au point où la volonté propre du croyant s'efface, et il peut dire comme saint Paul : « Ce n'est plus moi qui vis, c'est le Christ qui vit en moi. » (*Lettre de saint Paul aux Galates*, 2, 20). Pour des développements très intéressants sur l 'état sans ego, voir *À la recherche du Soi*, Tome 2, Arnaud Desjardins, La Table Ronde, 1986.

tion de son ego : ses racines sont si profondes et l'habitude de s'appuyer sur lui si ancrée, qu'il faudrait une vie de pratique intensive pour y arriver).

À noter que ce travail de repositionnement de l'ego n'est pas forcément adapté aux managers en début de carrière, désireux de faire leurs preuves. En revanche, pour les plus expérimentés, qui ont déjà tracé une partie de leur route, la question de continuer ou non à « nourrir l'ego » finit par se poser. En effet, il y a toujours quelque part une position plus élevée, dans une société plus grande ou plus prestigieuse, avec une croissance plus forte, offrant un meilleur package et davantage de reconnaissance. La caractéristique la plus marquante de l'ego est de n'être jamais satisfait.

UNE VOIE PÉRILLEUSE POUR LES DÉCIDEURS ?

> « L'homme fort unit en une synthèse vivante des contraires fortement marqués. »
> Martin Luther King[1]

En dirigeant dans l'ouverture du cœur, ne court-on pas le risque de céder trop facilement aux revendications multiples et de perdre son autorité ? En repositionnant l'ego, la détermination à atteindre les objectifs ne diminue-t-elle pas dangereusement ? Combiner les deux, n'est-ce pas une voie illusoire et périlleuse, déconnectée des réalités auxquelles un décideur doit faire face ?

Toutes ces questions sont légitimes. Un élément de réponse se trouve dans l'expérience des maîtres spirituels authentiques, qui sont allés le plus loin dans cette direction. Décideurs à leur

---

1. *La Force d'aimer*, Martin Luther King, Empreinte, 2013 (édition originale : *The Strength to Love*, 1963).

façon – car ils animent parfois des organisations rassemblant des centaines, voire des milliers de membres –, ils dégagent une force et une détermination qui excluent tout soupçon de faiblesse.

Bien sûr, le contexte dans lequel ils agissent est radicalement différent de celui des décideurs en entreprise : ils ne sont pas plongés dans un environnement ultra-compétitif où la pression concurrentielle est permanente. Mais ils en partagent tout de même une bonne part des défis. En particulier, la complexité humaine des organisations qu'ils dirigent ne doit pas être négligée. Conflits, jalousies, influence de différents sous-groupes qui veulent orienter l'organisation, et surtout absence d'autorité hiérarchique formelle dans un contexte où beaucoup de personnes engagées sont bénévoles : les défis ne manquent pas.

Pour mieux comprendre comment il est possible de garder fermeté et détermination alors que l'on est engagé sur la voie de l'ouverture du cœur et du repositionnement de l'ego, penchons-nous sur cette expérience intérieure. Ce double mouvement crée en fait un espace pour laisser émerger notre voix de sagesse. Celle-ci est aussi ferme, courageuse et déterminée que notre ego, animée par la conscience de ce qui est juste, pour nous et pour les autres. C'est une voix optimiste, confiante que rien ne peut fondamentalement l'atteindre.

C'est en fait une source de puissance, une puissance qui inspire et donne espoir, non une puissance qui écrase. Associer puissance et sagesse n'est pas familier, mais c'est bien l'alchimie que présentent les maîtres de sagesse. Nous viendrait-il à l'idée de qualifier Nelson Mandela ou le Dalai Lama de personnages faibles qui ne savent pas tenir la barre ?[1]

1. La lecture de son autobiographie, *Un long chemin vers la liberté* (Le Livre de Poche, 1996) et de *Conversations avec moi-même : lettres de prison, notes et carnets intimes* (Points Seuil, 2011) autorise à présenter Mandela comme un maître de sagesse, au-delà des débats qui ont émergé sur les limites de son action.

Dans ce domaine, le plus important est de faire soi-même l'expérience.

Expérience : apprendre à distinguer voix de l'ego et voix de sagesse

Choisissez un sujet sur lequel vous devez prendre une décision importante, par exemple la direction à donner à votre carrière ou les objectifs à atteindre pour votre équipe ou votre organisation dans les années à venir.

Mettez-vous d'abord à l'écoute de votre ego. Avec un peu de pratique, cela devient facile. Son énergie est caractéristique et sa devise : « toujours plus, plus vite, plus loin, plus fort ».

Passez ensuite à une séance de méditation, puis connectez-vous à votre intuition profonde (voir chapitre 4). Elle est la porte d'accès la plus fiable à votre voix de sagesse.

Comparez les deux messages sur la décision que vous avez à prendre.

En poursuivant le travail d'ouverture du cœur et de repositionnement de l'ego, votre manière de diriger est susceptible de connaître trois évolutions :

- un style de leadership plus collaboratif ;
- un changement de vision ou de priorités ;
- une perspective nouvelle sur la façon d'atteindre les objectifs fixés.

La prudence s'impose au sujet du rôle que joue la méditation dans ces évolutions. Tous les décideurs interrogés dans le cadre de ce livre reconnaissent que la méditation a joué un rôle significatif mais pas exclusif : d'autres facteurs ont pu également intervenir (qu'ils n'identifient d'ailleurs pas toujours clairement). Pour John par exemple, l'atmosphère délétère entourant la mort de son mentor (chaque proche attendant sa part de l'héritage sans réelle considération pour le défunt), fut un choc émotionnel. Cela l'a conduit à inventer une autre façon de mener ses affaires, en parallèle de sa pratique régulière de la méditation.

Vers un leadership plus collaboratif

Beaucoup d'équipes et d'organisations sont paralysées par des décideurs enferrés dans un micromanagement. Eux-mêmes sont débordés tandis que leurs collaborateurs perdent leur motivation (le seul travail qui leur est délégué est celui que leur supérieur hiérarchique n'a pas envie de faire, non pas celui qui a le plus de sens et va les aider à se développer professionnellement).

Deux obstacles majeurs s'opposent souvent à une délégation plus systématique :

- la conviction que le travail sera mieux fait (et plus rapidement) si on le fait soi-même ;
- la peur (parfois inconsciente) que les collaborateurs trop performants et entreprenants fassent de l'ombre et finissent par menacer sa propre carrière.

Le repositionnement de l'ego et la capacité accrue à voir le talent chez ses collaborateurs aident à surmonter ces obstacles. Xandra, par exemple, a constaté que sa pratique de la méditation avait réduit ses réticences à déléguer : ayant « moins à se prouver à elle-même », elle accordait plus facilement sa confiance à ses collaborateurs.

Plus largement, les entretiens ont révélé que la pratique de la méditation semble inviter les décideurs à consacrer de plus en plus de temps et d'attention à aider leurs collaborateurs à se développer et réussir.

Pratique : repositionnement de l'ego et délégation

Avez-vous le sentiment que vous pourriez déléguer davantage ? Qu'est-ce qui vous bloque ? Votre ego y fait-il obstacle ?

Si c'est le cas, observez dans les semaines et mois à venir si votre pratique de la méditation vous rend la délégation plus facile.

Pour accompagner la transition en réduisant les prises de risque excessives (une délégation qui tourne mal peut être coûteuse), vous pouvez vous aider du graphique ci-dessous :

- placez vos collaborateurs en fonction de leur position actuelle sur les axes motivation/capacité ;
- portez votre effort de déléguer davantage en priorité vers ceux qui sont les plus proches du quadrant en haut à droite (A et B dans l'exemple ci-dessous). Ce sont ceux avec qui vous obtiendrez les meilleurs résultats rapidement ;
- étendez ensuite progressivement la démarche à l'ensemble de votre équipe.

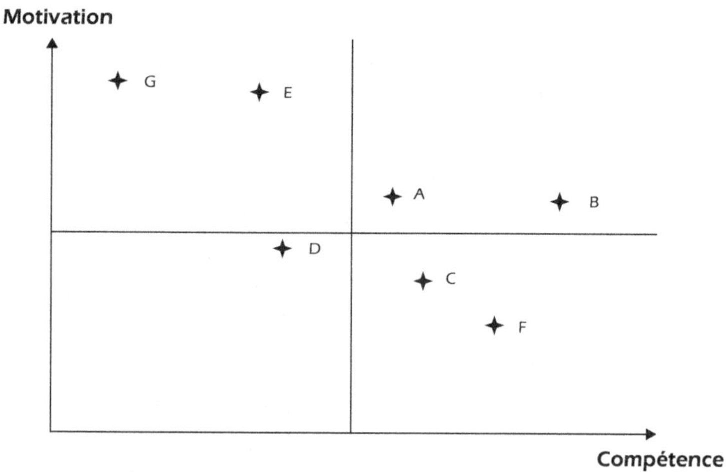

Redéfinir ses objectifs et ses priorités

« Souviens-toi que changer d'avis et obéir à qui te redresse, c'est encore faire acte de liberté. »
Marc-Aurèle[1]

Une pratique régulière de la méditation, le travail d'ouverture du cœur et de repositionnement de l'ego, incitent aussi à définir différemment ses objectifs et revoir progressivement ses priorités.

Par exemple, si viser la croissance la plus rapide possible (ou la plus forte rentabilité possible) est ce qui vous motive le plus actuellement, c'est une dimension qui peut perdre de son importance si elle représente peu d'intérêt pour votre voix de sagesse. Sans pour autant disparaître de vos préoccupations, elle pourra être combinée avec l'ambition d'utiliser vos compétences professionnelles pour accroître votre contribution à la société.

Ce changement de vision est particulièrement significatif chez ceux qui dirigent leur propre entreprise, car ils ont une plus grande marge de manœuvre. L'un d'entre eux, John, déclare avec humour, mais sur un ton solennel :

« La rentabilité de mes affaires est toujours ma première priorité ! »

Puis il fait une pause et ajoute en souriant :

« La contribution que j'apporte à l'environnement est aussi ma première priorité... Et la contribution que j'apporte à la société est aussi ma première priorité. »

Cette manière d'envisager son business rejoint l'approche de la Triple Bottom Line, fondamentale pour répondre aux enjeux contemporains (voir encadré ci-après).

1. *Pensées pour moi-même*, *op. cit.*, p. 116.

Pour aller plus loin
Triple Bottom Line et Shared Value

Triple Bottom Line

L'expression Triple Bottom Line (triple résultat, la *bottom line* correspondant à la dernière ligne du compte d'exploitation) émerge à la fin des années quatre-vingt, sous l'impulsion de penseurs et décideurs qui défendent l'idée que les entreprises doivent accorder une plus grande attention à leur impact sur l'environnement et la société. Un niveau de priorité égal à celui du résultat financier doit leur être accordé et ces dimensions doivent faire partie intégrante de l'activité de l'entreprise (son business model). Cette approche se veut plus en phase avec les enjeux économiques que celle de la responsabilité sociale de l'entreprise (RSE), souvent pratiquée en marge de l'activité économique principale.

À la fin des années quatre-vingt-dix, beaucoup de travaux ont été menés pour démontrer que cette démarche peut pleinement profiter à l'entreprise, et même représenter un vecteur de croissance. Un certain nombre d'entreprises se sont déjà engagées dans cette voie, sans forcément y faire explicitement référence.

D'un point de vue technique, mesurer avec précision l'impact environnemental et social d'une entreprise reste délicat, mais plusieurs initiatives prometteuses ont été lancées, par exemple la publication par Puma, avec l'aide de PriceWaterhouseCoopers (PWC), de son premier bilan environnemental (*Environmental Balance Sheet*)[1]. Des initiatives sont aussi en cours pour contourner les obstacles juridiques (possible recours en justice des ☞

1. Jochen Zeitz, PDG de Puma pendant 18 ans, administrateur de PPR et président du Comité développement durable du conseil d'administration, explique la démarche dans *Le Moine et l'entrepreneur : Dieu, l'argent et la conscience* (Parole et Silence, 2012), un livre d'entretiens avec le moine Anselm Grün. Pour d'autres initiatives, voir *Vingt propositions pour réformer le capitalisme*, sous la direction de Gaël Giraud et Cécile Renouart (Flammarion 2009, nouvelle édition 2012), notamment la proposition 4 (Intégrer les impacts

actionnaires), comme la proposition de modifier le droit des sociétés en France, ou la création des « B corporations aux États-Unis ».[1]

Les obstacles juridiques et techniques se réduisent dès que les décideurs sont déterminés et que les initiatives prises profitent économiquement à l'entreprise et servent ainsi les actionnaires (voir le cas de la société Interface dans le chapitre 7).

À noter que, récemment, certains auteurs ont employé l'expression *Triple Top Line* pour appeler à la prise en compte en amont des enjeux sociaux et environnementaux, c'est-à-dire au stade du développement des produits et des process.[2]

Shared Value (valeur partagée)

Michael Porter, professeur à Harvard, a fait le même constat que les partisans de la Triple Bottom Line : l'approche de la RSE reste souvent en marge de l'activité économique de l'entreprise. Il a alors élaboré le concept de *shared value* ou valeur partagée[3]. Pour lui, les entreprises ont « rarement abordé les enjeux sociétaux sous l'angle de la valeur et les ont toujours placés à la périphérie. L'approche de la valeur partagée invite à créer de la valeur économique d'une façon qui crée aussi de la valeur pour la société en répondant à ses besoins et ses défis ». Il recommande l'élaboration

environnementaux et sociaux dans l'analyse financière et dans l'investissement) et 14 (Pour une comptabilité sociale et environnementale).

1. Voir la contribution de Daniel Hurstel, diplômé d'HEC et avocat spécialisé dans le droit des affaires, dans *Vingt propositions pour réformer le capitalisme* (proposition 2 : Organiser la société commerciale à partir du projet d'entreprise plutôt qu'à partir du profit) et son dernier livre *Homme, entreprises, société : restaurer la confiance*, Eyrolles, 2013.
2. À ma connaissance, Michael Braungart et William McDonough, les auteurs de *Cradle to Cradle : Créer et recycler à l'infini* (Alternatives, 2011) sont les premiers à avoir formulé cette expression.
3. *Creating Shared Value*, Michael Porter, Harvard Business Review, janvier 2011.

de politiques et de pratiques opérationnelles qui renforcent la compétitivité de l'entreprise tout en améliorant la situation économique et sociale des communautés dans lesquelles elle opère.

Dans l'esprit de Porter, il est clair qu'il ne s'agit pas de responsabilité sociale, ni de philanthropie, mais d'une nouvelle façon d'envisager le succès économique d'une entreprise.

Il conclut que l'objectif même de l'entreprise doit être redéfini comme la création de valeur partagée, et non la création de profit, convaincu que cet effort provoquerait la prochaine vague d'innovation et de croissance de la productivité dans l'économie mondiale. Il s'agit là d'une opportunité de réformer le capitalisme.

Ces deux approches sont en opposition directe avec celle rejetant toute responsabilité de l'entreprise dans la société, exprimée le plus radicalement par l'économiste Milton Friedman, dans un article publié en 1970, intitulé « La responsabilité sociale de l'entreprise est d'augmenter ses profits ».[1]

Malheureusement, il existe encore peu d'ouvrages en français sur ces deux approches. En revanche, des résumés en français des livres ci-dessous sont disponibles sur mon site.

Sur les avantages économiques de la Triple Bottom Line :

- *The Triple Bottom Line, How Today's Best Run Companies Are Achieving Economic, Social and Environmental Success and How You Can Too*, Andrew W. Savitz, Karl Weber.
- *The Sustainability Advantage: Seven Business Case Benefits of a Triple Bottom Line*, Bob Willard.

Sur des initiatives concrètes (sans forcément faire référence à l'expression Triple Bottom Line ou valeur partagée) :

- *Natural Capitalism : The Next Industrial Revolution*, Paul Hawken, Amory B. Lovins, L. Hunter Lovins.

1. *The New York Times Magazine*, 13 septembre 1970 – L'article complet peut être trouvé sur *http://www.colorado.edu/studentgroups/libertarians/issues/friedman-soc-resp-business.html.*

☞

- *The Necessary Revolution: How Individuals and Organizations Are Working Together to Create a Sustainable World*, Peter Senge.
- *Cradle to Cradle : créer et recycler à l'infini*, Michael Braungart, William McDonough.
- *Confessions of a Radical Industrialist*, Ray Anderson (patron d'Interface).
- *Force of Nature: the Unlikely Story of Wal-Mart's Green Revolution*, Edward Humes.
- *Conscious capitalism : Liberating the Heroic Spirit of Business*, John Mackey (PDG de Whole Foods Market).

Sans modifier leur vision ou leurs objectifs, certains décideurs revoient leurs priorités d'action. Osamu et Irene, par exemple, ont commencé à porter plus d'attention au développement de leurs collaborateurs, le positionnant au degré 9 sur leur échelle de priorités (10 étant la plus haute priorité), alors qu'il se trouvait auparavant au niveau 5.

Qu'il s'agisse d'un changement de vision ou de priorités, la tendance à déployer une action plus altruiste semble se dégager. La notion de service a également été mentionnée par plusieurs décideurs, comme Mabel qui aime se rappeler qu'elle est « ici pour servir » (« *I am here to serve* ») et se pose régulièrement deux questions :

- Est-ce que j'incarne vraiment cette aspiration à servir ?
- Qu'est-ce qui doit être fait ? (plutôt que qu'est-ce que je veux faire ?)

Une telle aspiration rejoint le concept de *Servant Leadership* (le leadership au service), proposé par Robert Greenleaf, auteur de *The Servant as Leader* et plusieurs autres ouvrages sur le sujet. Pour lui, un décideur doit placer l'intention d'être au service de ses collaborateurs et de son organisation avant celle d'exercer le pouvoir (ou d'accumuler les possessions matérielles).[1]

Entre altruisme et volonté de servir, c'est donc le rôle que le décideur se donne qui est appréhendé sous un nouveau jour au fil de la pratique de la méditation. Pour certains, cette évolution pourrait être décrite comme un rapprochement avec la vraie nature de l'homme, qui serait fondamentalement bonne. Si l'histoire du XXe siècle fournit de solides arguments aux pessimistes sur la nature humaine, des travaux récents, comme ceux de Jacques Lecomte, tendent à montrer que l'altruisme et la générosité sont au contraire profondément ancrés en l'homme et qu'il suffit d'un peu d'attention pour leur donner plus d'ampleur.[2]

L'émergence de questions cruciales

La pratique régulière de la méditation semble favoriser chez certains décideurs l'émergence de questions essentielles qui

1. *Servant Leadership: a Journey into the Nature of Legitimate Power and Greatness*, Robert K. Greenleaf. Dans l'esprit de Greenleaf, le *Servant Leadership* est à la fois une philosophie du leadership et un ensemble de pratiques. Voici comme il précise son concept : « Le "leader au service de" (*servant-leader*) est d'abord un serviteur. Cela commence par le sentiment naturel de servir, servir avant tout. Ensuite vient un choix délibéré de se mettre en position de leadership. Ce type de personne est radicalement différent du leader qui se veut avant tout un leader (*leader-first*), en raison peut-être d'un besoin d'exercer du pouvoir ou d'acquérir des possessions matérielles. Le "leader avant tout" (*leader-first*) et le "serviteur avant tout" (*servant-first*) sont deux types extrêmes. Entre ces deux pôles se trouvent toutes les nuances et alliages qui font partie de l'infinie variété de la nature humaine. »
2. *La Bonté humaine. Altruisme, empathie, générosité*, Jacques Lecomte, Odile Jacob, 2012. L'auteur est un des spécialistes français de la psychologie positive, et cet ouvrage est solidement argumenté grâce à la synthèse de plusieurs centaines d'études.

sont habituellement reléguées à l'arrière-plan par la vitesse et l'agitation. De fait, elles ont besoin de lenteur et de silence intérieur pour revenir au premier plan. Les épisodes de maladie, ou les périodes de crise ont parfois une fonction similaire. Grâce à la méditation, nous avons une chance de nous y atteler sans attendre d'y être confronté !

Un tel recentrage sur l'essentiel est porteur de sens en soi, mais est aussi crucial dans une perspective d'efficacité. Selon Richard Koch, auteur du *Principe 80/20. Faire plus avec moins*, 20 % de nos actions produisent 80 % de nos résultats, ce qui signifie aussi que 80 % de nos actions produisent finalement peu de résultats et pourraient donc être réduites (voire supprimées) sans dommage excessif ![1]

Pratique : partir en retraite avec *la* question cruciale

La méditation, parce qu'elle relie à l'essentiel, peut contribuer à faire émerger des questions cruciales comme :

- Est-ce que j'incarne vraiment mes valeurs, ce qui compte le plus pour moi dans ma vie ?
- Quel est le sens de ma vie professionnelle ? De ma vie personnelle ?
- Y a-t-il un moyen de donner plus de sens à mon action en tant que décideur ?

Pour réellement approfondir et répondre à ces questions, une retraite, même courte, peut s'avérer nécessaire.

Envisagez de partir dans un lieu calme, au milieu de la nature, qui vous conduise droit à l'essentiel. Mais ne partez pas seul : emmenez une feuille de papier ou un carnet, et une question cruciale que vous aurez identifiée.

☞

1. *Le Principe 80/20*, Richard Koch, Éditions de l'homme, 2007.

> ☞
>
> Passez cette retraite à la ruminer. Mastiquez-la. Alternez des temps de méditation formelle avec des temps d'écriture ou de réflexion, où vous prenez cette question à bras-le-corps.
>
> Si vous vous sentez dans l'impasse, pratiquez l'acceptation. Laissez filer l'obligation de résultat, même si vous avez dû lutter pour aménager cette retraite dans votre emploi du temps. Sachez que votre esprit est déjà en marche.

Lorsque l'essentiel est mis en lumière, certains décideurs recrutent ou se séparent de leurs collaborateurs avec davantage d'acuité. Transiger avec l'essentiel – les valeurs en particulier – devient de moins en moins envisageable. Yann, par exemple, n'a pas hésité longtemps avant de rejeter l'offre de son patron qui lui proposait des parts dans l'entreprise. Cette offre, visant à le retenir dans la société alors qu'il sentait de plus en plus de décalage avec ses valeurs, était sur le papier une formidable opportunité. Néanmoins, elle n'a pas contrebalancé le sentiment qu'il n'était pas juste pour lui de continuer à y travailler. À la surprise de son patron, le coût pour Ash de poursuivre une collaboration était supérieur à la valeur des actions. C'est donc la carrière même de ces décideurs qui peut évoluer ; cela perturbe parfois leurs proches, comme nous le verrons dans le prochain chapitre.

Cependant, le trait commun à ces ajustements reste surtout l'apaisement et même le soulagement. Un bon nombre de décideurs évoquent la sensation d'avoir atteint une harmonie intérieure, d'être reconnectés avec la personne qu'ils étaient vraiment. Aucun n'exprime le moindre regret. Au contraire, en les écoutant, l'expression « être de retour chez soi » (« *to be back home* ») vient à l'esprit. Grâce à la méditation, ce sentiment est d'ailleurs accessible avant même d'avoir procédé à tous ces changements (voir pratique ci-dessous).

Pratique : de retour chez soi

Utilisez le court texte ci-dessous au cours d'une séance de méditation[1].
À l'inspiration, dites-vous : « Je suis arrivé. »
À l'expiration : « Je suis de retour chez moi. »
À l'inspiration : « Rien à atteindre. »
À l'expiration : « Nulle part où devoir aller. »

Les deux dernières phrases vous intriguent peut-être : « Rien à atteindre », « nulle part où devoir aller » ? Qu'en est-il de vos objectifs ?

Fixer des objectifs sans se crisper sur les résultats

« Quand vous êtes dans un état de lâcher prise, vous voyez clairement ce qui doit être fait et vous passez à l'action. Vous vous concentrez sur une seule chose à la fois pour ensuite bien l'accomplir. Tirez les leçons de la nature : observez de quelle manière tout s'accomplit et comment le miracle de la vie se déroule sans insatisfaction ni tourment. »
Eckhart Tolle[2]

Les décideurs les plus assidus dans leur pratique de la méditation partagent cette caractéristique marquante : une grande détermination à remplir des objectifs ambitieux combinée à une attitude détendue, voire relâchée quant à la perspective de les atteindre ou non.

1. Cette pratique trouve directement son inspiration chez Thich Nhat Hanh.
2. *Mettre en pratique le pouvoir du moment présent, Méditations et exercices*, J'ai lu, 2002, p. 122.

Loin de l'indifférence, ce détachement traduit davantage une grande confiance en l'avenir, sans altérer la détermination à contourner les obstacles qui pourront se présenter. Une détermination relâchée, sans tension : comment est-ce possible ? Si ce point est l'un des plus délicats à saisir pour des décideurs habitués à tout mettre en œuvre en vue d'atteindre leurs objectifs, c'est aussi l'un des plus essentiels pour transformer leur leadership.

Au cœur de nombreux enseignements de sagesse se trouve l'abandon de l'illusion que nous sommes tenus de laisser notre empreinte sur le monde, de dérouler notre volonté propre, de lutter pour arriver quelque part, pour atteindre quelque chose. Les richesses recherchées sont déjà là, en nous ; il n'y a qu'à se laisser immerger dans le courant de la force universelle qui fait tourner le monde (de nature divine pour les croyants), une force qui nous dépasse absolument et qui est source d'harmonie. Les mystiques utilisent souvent la métaphore de la vague qui, pendant longtemps, se croit unique, avec son individualité séparée de la mer, et lutte pour prendre forme, grandir et se maintenir. Puis arrive le moment où elle se fond dans l'océan : sans disparaître pour autant, elle a retrouvé l'unité avec la mer, cette force qui lui avait donné forme.[1]

Dans ces enseignements, l'enjeu est de vivre relié à cette force en permanence, avec un sentiment d'unité. Les objectifs fixés apparaissent dès lors selon une perspective différente : l'effort pour les atteindre reste important, mais toute tension a disparu. Les fruits de l'action passent au second plan, derrière l'acceptation de tout ce qui pourra survenir. Dans les religions monothéistes, comme le christianisme et l'islam, cela se traduit

1. L. LeShan donne une belle définition du mysticisme dans son livre : c'est « la recherche et l'expérience de la relation unissant l'individu à la totalité de l'univers » qui « emplit la vie de saveur ». *Méditer et agir*, *op. cit.*, p. 13.

par l'abandon à Dieu, symbolisé par l'acte de prosternation.[1] En termes laïques, on peut parler d'acceptation de ce que la vie ou l'univers propose, sans chercher à se démener pour qu'il en soit autrement.[2]

Face à ce type d'enseignement, la préoccupation immédiate en tant que décideur est celle de garder suffisamment de motivation pour atteindre ses objectifs. Si certains sont tentés de se retirer du monde pour se consacrer à la contemplation, la grande majorité des décideurs restent « câblés pour l'action » : ils aiment agir et construire. Mais les objectifs ne sont plus les mêmes : seuls ceux qui touchent à l'essentiel parviennent à créer assez de détermination. Un paradoxe se dégage alors : si nos objectifs sont vraiment précieux à notre âme, à la partie la plus profonde de nous-mêmes, il devient plus facile de se détacher des résultats de l'action, de laisser se dissoudre toute tension, car la force qui nous anime donne une confiance inébranlable.

Tout l'enjeu consiste donc à trouver ces objectifs qui ont du sens, qui « nourrissent notre âme ». Certains décideurs parlent de l'importance d'identifier leur « mission », leur « cause la plus grande » (*« higher purpose »*), selon l'expression de Tony Hsieh, entrepreneur et auteur de *Delivering Happiness*, ou leur « Vrai Nord » (*True North*, comme Bill George)[3]. En ce qui concerne

1. L'acte de prosternation, qui peut de l'extérieur passer pour un rituel démodé et humiliant, prend alors tout son sens et donne accès à une joie profonde.
2. Le stoïcisme, par exemple celui de Marc-Aurèle dans ses *Méditations pour moi-même*, se rapproche beaucoup de cette démarche.
3. Tony Hsieh est un entrepreneur qui, après des études à Harvard, a fondé à 23 ans la société LinkExchange, start-up vendue deux ans plus tard, en 1998, à Microsoft pour 225 millions de dollars. Il participe ensuite à la création de Zappos (vente de chaussures en ligne) et en devient le PDG. Il raconte son parcours dans *Delivering Happiness: a Path to Profits, Passion, and Purpose*, Business Plus, 2010 (Traduction française: *L'Entreprise du bonheur*, Leduc.s, 2011).

les autres objectifs, il devient de plus en plus difficile de trouver suffisamment de motivation pour les atteindre, ce qui peut créer à la longue un sentiment de lutte ou d'épuisement.

Cette perspective sur la vie et sur l'action résonne peut-être profondément en vous ou pas du tout. De façon ultime, il s'agit avant tout d'une expérience intérieure. Pour reprendre une métaphore traditionnelle, comment les mots pourraient-ils décrire le goût de la mangue ? Ils ne peuvent remplacer l'expérience de savourer le fruit.

Témoignage : au cœur de la tempête

John Mackey, PDG de Whole Foods Market, raconte dans son livre *Conscious Capitalism*, l'expérience douloureuse d'avoir été pris dans une tempête médiatique mettant en cause son intégrité personnelle. Très actif au début dans les médias pour défendre sa réputation, il a, à un moment donné, cessé de résister aux événements : « J'ai médité beaucoup plus souvent, et plus longtemps [...]. Je suis arrivé à un point où, dans mon cœur, j'étais prêt à accepter tout ce qui pourrait arriver [...]. J'étais déterminé à continuer à suivre mon cœur, quelle que fût la direction indiquée. »[1]

Pour terminer, voici deux formes de méditation utiles à chaque fois que vous vous crispez sur un objectif.

1. « I meditated much more frequently than before and for longer periods [...]. I came to a place in my heart where whatever happened, it would be ok with me [...]. I would continue to follow my own heart, no matter where it led me. » Pour les détails de la tempête médiatique, dans la version donnée par J. Mackey, voir *Conscious Capitalism*, *op. cit.*, location 3564.

Pratique 1 : revenir à l'océan

À l'inspiration, imaginez que vous êtes une vague qui prend forme et grandit au-dessus de l'océan, consciente de son individualité.

À l'expiration, imaginez que cette vague se fond progressivement dans l'océan. Elle existe encore mais elle se confond maintenant avec l'océan dont elle fait partie.

Ressentez la paix profonde qu'apporte ce retour à l'océan.

Pratique 2 : atteindre le point mort

En entreprise, atteindre le point mort signifie que l'on commence à gagner de l'argent. Dans certaines traditions spirituelles, c'est en atteignant une intimité avec la mort que l'on commence à voir l'essentiel de la vie, à en extraire toute la paix intérieure et la joie.

Intimité avec la mort ne signifie pas mettre sa vie en danger, mais imaginer régulièrement la fin de vie. Plusieurs variantes existent : se figurer être dans la dernière étape de sa vie, ou être déjà mort (dans certaines écoles bouddhistes, cette pratique va même jusqu'à visualiser son corps en décomposition).

Cette dernière forme est puissante mais peut être inconfortable. La pratique suivante convient au plus grand nombre.

Réglez votre réveil ou votre alarme pour une session de vingt minutes et allongez-vous sur le sol. Imaginez que vous êtes sur votre lit de mort. C'est la fin de votre vie. Gardez les yeux ouverts et relâchez votre corps en imaginant que chacune de ses parties est reliée au sol, à la terre.

Observez chaque cycle de respiration comme s'il s'agissait du dernier. Comme pour toute autre forme de méditation, revenez à votre respiration à chaque fois qu'une pensée vous a entraîné ☞

hors du moment présent ; ce qui inclut les pensées relatives aux objectifs auxquels vous vous cramponnez.

Il n'y a rien à réussir, rien à atteindre, seulement à respirer comme s'il s'agissait de vos derniers instants.

Cette expérience peut vous aider à voir vos objectifs sous un nouvel angle, et à redéfinir vos priorités d'action. Les objectifs pour lesquels vous vous êtes mis en tension ne méritent peut-être pas une lutte acharnée. Si leur grande valeur se confirme, peut-être y a-t-il un moyen de les atteindre sans en faire un contact permanent.

Variante

Imaginez que, dans ces derniers moments, vous n'êtes pas seul mais entouré des gens que vous aimez et dont vous souhaitez être aimé.

Le Livre du Tao (Dao De Jing)

Le *Livre du Tao* est un livre d'une profondeur peu commune qui offre de nouveaux trésors à chaque lecture, en gardant la capacité de bousculer et surprendre. Bien que le texte soit parfois teinté de mystère, même pour les lecteurs chinois, il est particulièrement riche pour les décideurs, car c'est pour eux qu'il a été écrit (plus précisément pour les dirigeants politiques en Chine il y a 2 000 ans, alors que le pays était éclaté en différents royaumes).

Sur le sujet des objectifs à atteindre, et de l'action en général, il propose un message qui peut paraître étonnant voire dérangeant à première vue, mais qui devient extrêmement stimulant lorsqu'on s'en imprègne après plusieurs lectures (c'est un texte court, présenté dans la plupart des éditions en 81 chapitres, dont chacun se lit en quelques minutes).

☞

L'essentiel pour Lao Zi est d'apprendre à ne pas lutter (*bu zheng* – 不争), mais au contraire chercher à tout moment à percevoir le chemin proposé par le Tao, cette force immense qui ne peut être nommée ni décrite mais qui anime l'ensemble de l'univers et fait vivre tous les êtres sans effort ni revendication.

« Chacun dépend d'Elle pour vivre
Elle ne se détourne d'aucun
Elle s'acquitte de sa tâche
Mais nullement ne s'en prévaut » (chapitre 34)[1]

« La Voie du Ciel est celle
Qui vainc sans batailler
Qui répond sans parler
Qui vient sans qu'on l'appelle
Et qui œuvre sans se forcer » (chapitre 73)

L'enjeu pour l'homme ou la femme d'action est de faire l'effort conscient de se mettre à l'écoute de cette force, puis d'entrer en harmonie avec elle pour agir. Cet effort suppose de chercher la quiétude, de mener une vie simple et humble, de réduire son ego (*wu si* – 无私) et de contenir ses désirs, en particulier le désir de rivaliser et de dominer.

« Résolu sans aucun désir de dominer
Qui s'accroît est sur le déclin
Parce qu'il va contre la Voie
Tout ce qui va contre la Voie court à sa perte » (chapitre 30)

Se mettre en harmonie avec le Tao est un travail intérieur qui demande de la discipline.

☞

1. S'agissant d'un texte de nature poétique et parfois mystérieux, la qualité de la traduction prend une importante considérable. La traduction utilisée ici est celle de François Cheng et Pierrre Leyris, Seuil.

☞

« Sans franchir le pas de ta porte
Connais les voies de sous le ciel
[...]
Le sage connaît sans bouger
Comprend sans voir
Œuvre sans faire » (chapitre 47).

Certes le dirigeant doit remplir son rôle et agir, mais il doit le faire tel un sage, ce qui signifie agir le moins possible (« Le Sage est effacé et homme de peu de mots », chapitre 17), et surtout en gardant toujours l'esprit du Tao.

La non-action (*wu wei* – 无为) est un autre concept essentiel du livre (et du taoïsme en général). L'appliquer ne signifie pas ne rien faire, mais chercher à agir comme le fait le Tao, c'est-à-dire « œuvrer sans batailler » (chapitre 81). Cela suppose aussi de ne pas s'attacher aux résultats de ses actions, d'accueillir « grâce et disgrâce avec surprise » (chapitre 13).

Un merveilleux paradoxe attend alors les décideurs :

« La leçon du non-dire
L'efficacité du non-faire
Rien ne saurait les égaler » (chapitre 43)

« Par le non-faire rien qui ne puisse se faire
Tout abdiquer c'est gagner l'univers » (chapitre 48)

Il est lié à un autre paradoxe : celui qui fait preuve de souplesse et est capable de céder détient la vraie puissance :

« Le plus souple en ce monde prime sur le plus rigide » (chapitre 43)

« Qui apprend à céder est maître de la force » (chapitre 53)

☞

Pour Lao Zi, si « ducs et princes y adhéraient [à la Voie], toute chose muerait de soi-même sous le ciel » et l'harmonie régnerait.

Ces enseignements ne sont pas des recettes à appliquer, mais un esprit par lequel il s'agit de se laisser imprégner. Le texte étant court, il se prête d'ailleurs très bien à une lecture méditative.

Lao Zi était conscient que son enseignement supposait un effort de compréhension, une écoute attentive :

« Lorsqu'un homme élevé entend la Voie
Il l'embrasse avec zèle
Lorsqu'un homme moyen entend la Voie
Il en prend et en laisse
Lorsqu'un homme inférieur entend la Voie
Il éclate de rire » (chapitre 41)

« La Grande Voie est unie et droite mais la foule aime les détours » (chapitre 53)

La *Voie du Tao* prend le contre-pied de toutes les pratiques actuelles du business (maximisation de la croissance et de la rentabilité, planification stratégique, recherche systématique de la performance, horaires de travail intenses et sentiment permanent d'être en lutte) et n'est donc pas facile à mettre en application. Pourtant, c'est un livre qui donne du souffle et nourrit en profondeur.

6

DES CARRIÈRES QUI TRADUISENT UN ENGAGEMENT ET FONT ÉVOLUER LE MONDE DE L'ENTREPRISE

« N'agis point comme si tu devais vivre des milliers d'années. L'inévitable est sur toi suspendu. Tant que tu vis, tant que cela t'est possible, deviens homme de bien. »

Marc-Aurèle
Empereur romain[1]

« Notre société est fondée sur une définition très limitée du pouvoir, à savoir la richesse, le succès professionnel, la célébrité, la force physique, la puissance militaire, et le contrôle politique. Mes amis, je suggère qu'il y a une autre forme de pouvoir : celui d'être heureux dans le moment présent, et libre de la peur, du désespoir, de la discrimination, de la colère et de l'ignorance. »

Thich Nhat Hanh[2]

En fonction de l'approche que les décideurs ont de la méditation, leurs intentions sont différentes : certains s'intéressent avant tout aux effets à court terme sur leur stress et leur capacité

1. *Pensées pour moi-même*, Flammarion, 1992, p. 61.
2. *The Art of Power*, HarperOne, 2007, p. 1 (pas de traduction française – traduction de l'auteur).

de concentration, d'autres visent à développer la qualité de leur leadership, d'autres enfin donnent à leur pratique une dimension plus spirituelle. En raison de cette diversité, l'influence exercée sur la carrière, en particulier, varie grandement.

Notons ici que la relation entre pratique de la méditation et carrière doit être établie avec prudence, car il y a bien d'autres facteurs susceptibles d'influencer une carrière. Prendre de l'âge et gagner en maturité, par exemple, amène souvent à redéfinir ses priorités...

En ce qui concerne les décideurs interrogés, leurs parcours peuvent être classés en quatre catégories :

- Pas de changement de carrière : les décideurs conservent leur poste dans la même organisation et pratiquent sans en parler autour d'eux.
- Pas de changement de carrière mais une prise d'initiatives pour partager au sein de l'organisation les bénéfices que les décideurs ont constatés dans leur pratique personnelle.
- Réorientation de carrière due à une évolution de leurs priorités ou de leur vision : les décideurs restent dans le secteur qu'ils connaissent mais choisissent de donner plus de sens à leur action, ce qui peut conduire à changer de poste ou d'organisation.
- Changement radical de carrière : les décideurs changent de secteur ou de profession.

Une telle catégorisation est nécessairement une simplification au regard de la richesse des expériences rencontrées, mais elle a le mérite d'indiquer les lignes de force.

Au-delà des différences, une intention commune se dessine chez la plupart de ces décideurs, même dans le premier cas : une forme d'engagement à faire évoluer soit l'organisation dans laquelle ils travaillent, soit une autre organisation qu'ils ont choisie, soit encore, plus largement, les pratiques dans le monde des affaires. Cet engagement ne vise pas forcément une contribution sociale et environnementale plus forte, mais au moins la mise en place d'un leadership plus sain et plus inspirant, comme si leur pratique de la méditation rendait difficile de prolonger le « *business as usual* ».

PRATIQUER DISCRÈTEMENT SANS CHANGER DE CARRIÈRE

Deux types de décideurs choisissent cette voie :

- Ceux qui pensent que leur carrière actuelle leur convient toujours, car elle leur permet d'être suffisamment en phase avec leurs valeurs, et/ou leur offre des possibilités d'influencer leur organisation de l'intérieur.
- Ceux qui voudraient changer de carrière ou d'organisation, mais ne peuvent pas pour des raisons pratiques (financières notamment).

Ces deux types de trajectoire concernent environ la moitié des décideurs interrogés, dont une majorité a fait le choix conscient de rester dans sa carrière actuelle. La pratique de la méditation les aide à être de meilleurs leaders, et plus généralement des personnes plus accomplies, ce qui constitue déjà une contribution importante à leurs yeux.

Dans certains cas, cette décision de garder le même cap est combinée à une forte volonté d'influencer leur organisation. Peter, par exemple, s'est fixé comme objectif de promouvoir le bonheur de ses collaborateurs au sein de l'entreprise qu'il dirige.

Ces décideurs préfèrent rester discrets sur leur pratique, soit parce qu'ils la considèrent comme une affaire entièrement privée (« il n'est pas nécessaire d'en parler » ou « l'humilité commande de rester discret »), soit parce qu'ils pensent qu'en parler pourrait leur poser des problèmes au sein de leur organisation. Lorsqu'ils partagent leur expérience de la méditation, c'est uniquement avec des collègues proches, comme Laurent avec certains membres de son équipe. Cette prudence est tout à fait compréhensible dans un contexte où la méditation fait encore l'objet de préjugés, même si :

- la perception de la méditation évolue (chapitre 1) ;
- la méditation ne peut plus seulement être vue comme une pratique privée, sans rapport avec l'environnement professionnel, puisqu'elle permet de développer un leadership plus sain, voire inspirant. Partager sa pratique au sein d'une organisation revient à contribuer à la meilleure qualité du leadership.
- la menace perçue (par exemple, la peur d'être jugé comme une personne *new age* et de perdre en crédibilité) est parfois surestimée. De plus, il ne peut être exclu que cette pratique soit perçue de manière positive, comme un effort de développement personnel.

En parler de façon claire et concrète tout en montrant la plus grande rigueur quant à la conduite de son business intrigue et suscite souvent plus d'intérêt que de scepticisme. Alors, si vous pratiquez la méditation et avez choisi de ne pas en parler, il est peut-être temps de réviser ce choix.

Réflexion : repenser votre « politique de communication » ?

Si vous pratiquez déjà la méditation, avec qui pouvez-vous envisager de partager votre expérience, dans votre entourage professionnel ? Quel en serait le bénéfice pour ces personnes ou votre organisation ? Quel risque et quelle opportunité cela représenterait-il pour vous ?

PRENDRE DES INITIATIVES POUR PARTAGER LES EFFETS DE LA MÉDITATION SANS CHANGER DE CARRIÈRE

Convaincus par les effets de la méditation, certains décideurs ont pris l'initiative, tout en gardant le même poste, de transmettre les bienfaits de la méditation à leur équipe. Plusieurs voies sont possibles :

- Adopter tout d'abord une démarche prudente et progressive, en agissant sans faire explicitement référence à la méditation ou à la *mindfulness*, mais en en reprenant l'esprit. Ainsi, Benoît propose quelques minutes de silence au début des réunions qu'il anime en encourageant chaque participant à revenir au moment présent, ralentir et aborder la réunion sans la « contaminer » avec des pensées ou des émotions qui lui sont étrangères. De son côté, Nobuyuki a introduit des éléments de *mindfulness* – comme l'attention au moment présent avant un exercice de visualisation – dans le cadre de la redéfinition de la vision de son entreprise (une multinationale japonaise avec plus de 100 000 collaborateurs). La participation du PDG et de l'ensemble de l'équipe de direction à cet exercice a apporté une crédibilité à la démarche.

- Organiser – ou contribuer à organiser en convaincant les personnes décisionnaires – des séances d'initiation à la méditation dans son organisation, intégrées à des programmes de développement du leadership ou accessibles à tout collaborateur.

Janice Marturano a par exemple participé à l'introduction de sessions de méditation au sein de General Mills, alors qu'elle était encore directrice juridique (une initiative qui s'est maintenue après son départ).

Mandar Apte, concepteur du programme Empower mentionné dans le chapitre 4 est un autre exemple : il a créé ce programme en convaincant son patron direct, le responsable de l'équipe Game Changer (mais sans avoir le soutien ni de la direction générale ni du département des ressources humaines).

S'engager dans une démarche aussi directe demande parfois du temps (pour rassembler les soutiens nécessaires dans les grandes organisations par exemple). Des événements tels que la session organisée à Davos par Janice Marturano pourraient faciliter de telles initiatives, de même que les travaux récents d'Otto Scharmer, professeur au MIT, dont la méthodologie, appelée Théorie-U, donne une légitimité à la pratique de la méditation pour promouvoir l'innovation et un leadership inspirant au sein des organisations. Cette méthodologie est maintenant utilisée par un nombre croissant d'organisations dans le monde, qu'il s'agisse d'entreprises, d'organisations non gouvernementales ou d'institutions publiques.[1]

1. Pour plus d'informations sur les utilisations possibles de la Théorie-U, voir *www.presencing.com*.

Pour aller plus loin
Théorie-U : diriger à partir du futur émergent

Pour Scharmer, nous sommes au cœur d'une période de faillite institutionnelle, dans laquelle nous créons collectivement des résultats dont personne ne veut. Il est donc nécessaire de faire naître une nouvelle capacité de leadership collectif pour répondre de façon à la fois plus consciente et plus innovante aux défis qui nous attendent.

La raison de notre échec collectif est notre aveuglement face à la dimension la plus profonde du leadership et du changement. Il y a en effet un espace (ou une source) en nous où se trouve un futur « qui demande à émerger », une forme de sagesse qui permettrait de répondre avec créativité aux défis qui se posent à notre équipe ou à notre organisation.

Se rapprocher de cette source et percevoir ce futur suppose de développer la capacité de « *presencing* » (une combinaison de *presence* et *sensing*). Il s'agit d'un parcours (voir le graphique ci-dessous) qui commence par la sortie de sa propre bulle institutionnelle (partie gauche du U), c'est-à-dire son équipe ou son entreprise, pour élargir ses vues (« *suspending judgments and seeing with fresh eyes* »), et finit par la mise en œuvre (partie en haut à droite) des idées qui ont émergé dans la partie basse du U, après en avoir construit un ou des prototypes. La partie basse du U est un passage crucial, au cours duquel l'enjeu est de lâcher prise, de laisser place au silence et de prendre de la distance avec la volonté des ego présents. C'est ici qu'une pratique méditative peut s'avérer décisive.[1]

Lorsque la partie basse du U est franchie, un changement fondamental se produit : les relations au sein du groupe se transforment, une nouvelle énergie, enthousiaste et créative, anime le groupe et des possibilités qui n'avaient pas été perçues jusque-là voient le jour.

☞

1. Une session de formation de quatre jours avec Otto Scharmer commence d'ailleurs par une séance de 30 minutes de pratique méditative.

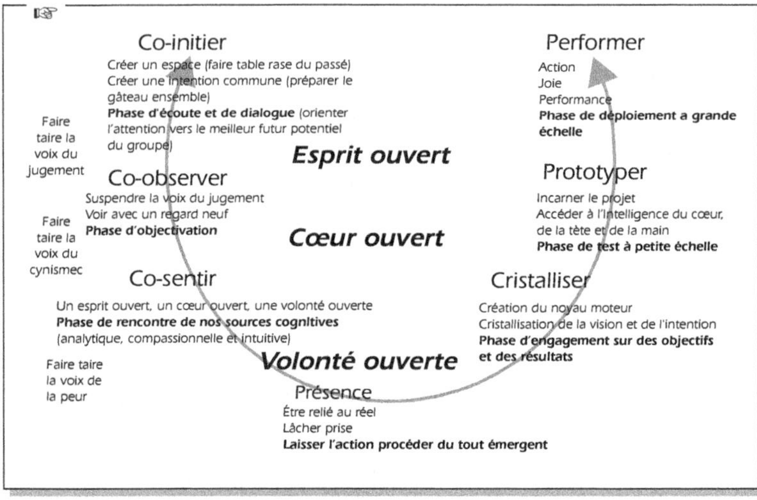

Réflexion

Si vous avez été convaincu, par votre expérience personnelle, des bienfaits de la méditation, quelle initiative pourriez-vous prendre dans votre équipe ou votre organisation pour les reproduire (en vous y référant explicitement ou non) ?

AJUSTER SA CARRIÈRE POUR S'ALIGNER AVEC SA VISION ET SES PRIORITÉS

La pratique régulière de la méditation améliore la connaissance de soi et invite à revenir à l'essentiel. De nouvelles priorités peuvent apparaître, l'échelle des valeurs peut se modifier, les schémas de carrière dictés par une prééminence de l'ego peuvent perdre de leur importance. En conséquence, certains décideurs ajustent le cours de leur carrière, sans nécessairement quitter leur entreprise : changer de fonction peut suffire à servir les nouvelles aspirations ou incarner les valeurs qui ont émergé.

Meng, auteur de *Search Inside Yourself* (chapitre 1), a rejoint le département des ressources humaines de Google après une carrière d'ingénieur, et s'est consacré à la conception du programme « Search Inside Yourself ». Depuis, sa vision a encore évolué : « Mon rêve est de créer les conditions pour la paix. J'aspire à un monde qui vivrait en paix, où la joie, la compassion et la paix intérieure se seraient répandues grâce à un effort pour rendre accessibles d'anciennes pratiques de sagesse. Je me vois comme une personne qui partage des pratiques de sagesse, en les présentant dans le monde de l'entreprise – et au-delà – comme compréhensibles et utiles. »[1]

Walter est un autre exemple : après une carrière de vingt ans en tant que cadre dans différentes fonctions commerciales au sein de sa banque, il a convaincu sa direction générale de lui confier la responsabilité de la mise en place des activités de microfinance, qui n'existaient pas à l'époque. Sa pratique de la méditation, en lui donnant le sentiment d'être mieux relié aux autres, avait fait émerger en lui l'envie d'apporter une contribution plus forte à la société.

Mais dans d'autres cas, quitter son entreprise s'avère nécessaire. François et Ulrike, par exemple, ont conservé un poste similaire (respectivement, responsable de bureau d'étude et directrice marketing), mais en rejoignant une organisation qui leur paraissait plus en phase avec leurs valeurs. Travailler dans un environnement plus humain et plus serein, en particulier, était devenu leur priorité. Tous deux ont d'ailleurs accepté sans hésiter une réduction d'environ 20 % de leur rémunération, Philippe en allant dans une société plus petite et Gitte en perdant certains avantages liés à son ancienneté dans l'entreprise.

1. *Search Inside Yourself, op.cit.*, location 2000-2013 (traduction de l'auteur).

Pour les entrepreneurs et les propriétaires d'entreprise, l'enjeu est différent car quitter leur organisation (c'est-à-dire souvent la revendre) est plutôt le dernier recours. Ils ont en revanche plus de latitude pour ajuster la vision et les priorités de leur organisation en fonction de leur propre évolution.

John, qui a créé son entreprise dans l'immobilier de prestige, a ainsi érigé la protection de l'environnement au premier rang de ses priorités : il est en train de transformer l'une de ses propriétés en un lieu de soutien aux acteurs de la transition écologique, tout en en faisant une vitrine des technologies les plus innovantes en matière de durabilité.

Pour Daniel aussi, la valeur de contribution à la société est devenue prioritaire au fil de sa pratique. Il a alors pris la décision de reverser 1 % de ses ventes à des organisations humanitaires, à un moment d'ailleurs où son entreprise traversait une crise sérieuse. Donner plus de sens à son action était « ce qu'il devait faire plus que toute autre chose » au cœur de cette période difficile.[1]

George, enfin, explique qu'il dirige de plus en plus ses différentes entreprises selon ses trois valeurs essentielles (honnêteté, service et modestie), restées dans l'ombre lorsqu'il était cadre salarié. La valeur de « service » se traduit notamment par une plus grande attention portée au développement personnel et professionnel de ses collaborateurs.

1. Cela paraît un pourcentage négligeable, mais il s'agit d'un calcul sur les ventes, non sur les profits, qui plus est dans un secteur comme la distribution où les marges sont déjà faibles.

Réflexion : ajuster le cours de votre carrière ?

Sentez-vous que certaines valeurs ont pris une importance particulière pour vous ces dernières années (en lien ou non avec votre pratique de la méditation), mais que vous ne parvenez pas encore à les incarner suffisamment ? Aspirez-vous à donner davantage de sens à votre action ?

Si c'est le cas, il est peut-être temps de procéder à des ajustements dans votre carrière, en envisageant une autre fonction, ou une fonction similaire dans une autre organisation. Si vous êtes entrepreneur, cet ajustement peut consister à redéfinir vos priorités d'action ou la vision de votre organisation.

INITIER UN CHANGEMENT DE CARRIÈRE RADICAL

Le décalage entre la carrière actuelle et les priorités ou valeurs qui ont émergé de la pratique est parfois si grand que les décideurs s'engagent dans un changement radical de carrière.

Cela concerne environ un cinquième des décideurs rencontrés, dont la majorité s'est dirigée vers la création d'entreprise. George et Daniel ont ainsi quitté leur poste de cadre supérieur pour créer leur entreprise dans un domaine nouveau pour eux, mais qui leur permettait de mieux incarner leurs valeurs. Douglas, par exemple, a mis au cœur de son entreprise la liberté et l'harmonie qui lui manquaient dans son expérience de cadre dirigeant dans une multinationale. Mais ce n'est pas la seule voie possible. Zhen a préféré débuter une carrière centrée sur la dimension humaine de l'entreprise en devenant coach. Elle souhaite faire bénéficier d'autres décideurs de la richesse qu'elle a trouvée dans la méditation (la pratique de la méditation n'étant pas son seul mode d'intervention).

Quelques décideurs ont été si convaincus des bienfaits de la méditation qu'ils ont décidé de créer une entreprise visant à diffuser sa pratique en milieu professionnel. Hector a créé Stillnessbuddy.com (une application soutenant la mise en place d'une discipline de pratique) et Shigeru a créé une société de consulting dédiée à la promotion de l'esprit du zen dans les entreprises japonaises.

Sans pour autant quitter le monde de l'entreprise, comment une transition aussi nette se déroule-t-elle ? Parfois progressive, composée de plusieurs étapes, elle peut aussi être brutale, provoquée par un sentiment soudain qu'il n'est plus possible de supporter un rôle ou des conditions devenues trop pesantes, car sources de stress, de perte de sens ou d'épuisement. Entièrement investis dans de grandes organisations pendant 15, 20 ou 30 ans, certains décideurs ne prêtent plus attention à l'évolution de leurs aspirations profondes, telle Zhen qui décrit son parcours comme une gratification permanente de son ego par un statut de plus en plus prestigieux et une rémunération croissante, mais dont le prix à payer était de plus en plus élevé.

Une transition en douceur étant souvent moins douloureuse qu'une transition brutale, il est important d'être vigilant aux signes précoces qui indiquent la nécessité d'un changement de cap. Le niveau d'énergie et les émotions font partie de ces signes (voir pratique ci-dessous).

Pratique : vérifier votre niveau d'énergie

Si vous connaissez régulièrement des périodes de baisse d'énergie, prenez l'habitude de vous demander s'il agit ou non du signal qu'un changement de cap est nécessaire.

La tentation est grande d'interpréter ces épisodes comme des signes de surmenage. Cela peut être le cas, mais veillez à ne pas écarter trop vite l'hypothèse qu'ils indiquent une perte de sens.

☞

☞

Pour vérifier ou infirmer cette hypothèse, il peut être utile de garder une trace, sur un carnet, de la fréquence de ces épisodes et de noter à chaque fois la cause probable.

C'est ainsi que j'ai pu constater que je perdais progressivement mon énergie à une étape du développement de mon entreprise où j'aurais dû rester passionné : nous venions d'ouvrir de nouvelles filiales, notamment celle au Japon qui me tenait à cœur, et bien que notre liste de clients prestigieux fût déjà longue, il nous restait plusieurs défis intéressants à relever. Mais il fallut me rendre à l'évidence : je ne trouvais plus de sens à cette entreprise que j'avais pourtant créée et développée avec enthousiasme. Il était temps pour moi de prendre cette évolution au sérieux et de me tourner vers mon intuition profonde.

Recourir à l'intuition profonde permet en effet de clarifier la confusion qui entoure l'apparition des premiers signaux. Toutefois, elle n'est pas suffisante : si la direction peut se dessiner nettement, les étapes pour y parvenir n'apparaissent pas toujours clairement. Il faut alors prendre le risque de se lancer dans une relative obscurité, en se rappelant que ne pas changer de cap représente aussi un risque : celui d'une extinction progressive de la passion, d'un délitement du sens.

Réflexion

Si vous percevez des signaux qu'un changement de cap dans votre carrière serait nécessaire, n'oubliez pas d'interroger votre intuition profonde sur la nouvelle direction à prendre (voir chapitre 4).

Quels pourraient être les premiers pas qui permettraient d'assurer une transition en douceur ?

Que risquez-vous à ne pas changer de cap ?

D'UNE VOIE À L'AUTRE : LES ÉTAPES D'UN PARCOURS ?

Ces quatre voies sont-elles les étapes d'un parcours qui commencerait par une pratique discrète tout en conservant son poste pour se terminer par un changement de carrière radical ? Si c'est le cas, peut-on dire que les dernières étapes sont plus « avancées » que les autres ?

Tracer de façon trop systématique les étapes d'un cheminement ne rendrait compte ni de la richesse de l'expérience de chaque décideur, ni de la complexité de l'esprit humain. Il est vrai que certains décideurs sont passés par ces quatre voies successives (ou trois d'entre elles) : d'abord « méditateurs cachés » (*closet meditators*[1]), ils ont ensuite commencé à parler de la méditation dans leur organisation et à l'introduire dans les formations proposées dans leur organisation. Puis ils ont ajusté leur carrière, toujours au sein de leur organisation, avant de procéder à un changement radical d'orientation en la quittant et en développant une nouvelle activité. Cependant, d'autres se satisfont d'une seule de ces voies. Par exemple, certains se sentent tout à fait à l'aise dans leur entreprise et ne ressentent le besoin ni d'organiser des formations à la méditation, ni d'ajuster leur carrière. Leur pratique leur permet de s'engager vers un leadership plus inspirant, et c'est déjà considérable.

Cette réponse à la première question oriente déjà la seconde : si ces catégories ne sont pas des étapes, il devient difficile de les hiérarchiser. De plus, comment décider qu'ajuster sa carrière ou en changer est intrinsèquement plus « avancé » que de pratiquer en restant dans ses fonctions ? Le meilleur juge est un juge intérieur et éminemment personnel : le sens que l'on trouve dans les choix effectués.

1. Expression utilisée par J. Marturano dans son livre, *Finding the Space to Lead.*

COMPRENDRE LES RÉSISTANCES DE SES PROCHES

Si l'indifférence – sceptique mais bienveillante (« c'est sa dernière lubie », « si cela peut l'aider ») – ou un soutien enthousiaste ont été les premières réactions de l'entourage des décideurs interrogés lorsqu'ils ont débuté leur pratique de la méditation, une certaine inquiétude, voire une résistance, est apparue quand ils ont commencé à évoquer des ajustements de carrière. Leur conjoint, par exemple, a pu légitimement se sentir mal à l'aise devant la perspective qu'une situation sûre et confortable puisse être délaissée au profit d'une voie perçue comme incertaine et risquée.

Ce type d'appréhension est parfois difficile à comprendre pour les décideurs eux-mêmes, car la pratique de la méditation donne confiance en l'avenir et diminue l'emprise des peurs ou autres émotions négatives. La tentation est donc grande de balayer ces craintes, considérées comme exagérées, d'un sourire ou d'une remarque (« Tout va bien se passer, c'est la bonne voie, ne t'inquiète pas »). Le problème est que l'entourage, qui ne pratique pas la méditation, ne partage pas toujours cette confiance.

En tant que pratiquant, il est important de garder le cap qui paraît juste tout en répondant aux inquiétudes formulées, c'est-à-dire :

- expliquer autant que possible son cheminement intérieur ;
- s'assurer que les proches sentent que leurs arguments (souvent en faveur du *statu quo*) sont écoutés et entendus. Cela ne signifie pas que les décisions prises s'y conformeront, mais l'écoute attentive procure déjà un soulagement (c'est tout l'intérêt de la différence en anglais entre *acknowledging* et *agreeing*)[1].

1. *Acknowledging* (reconnaître) consiste à exprimer qu'on a entendu et compris le message de l'autre, ce qui ne signifie pas forcément être d'accord (*agreeing*).

Réflexion

Si vous percevez l'inquiétude de votre entourage à propos des changements de carrière que vous envisagez, avez-vous consacré assez de temps à y répondre ?

Pouvez-vous encore dissiper l'obscurité dans laquelle ils se sentent plongés ? Leurs arguments ont-ils vraiment été écoutés ?

7

VERS UN SEUIL CRITIQUE DE DÉCIDEURS CONSCIENTS ET ENGAGÉS QUI RÉPONDENT AUX DÉFIS DU MONDE

« Lorsque vous vous demandez s'il faut ou non prendre
votre responsabilité et vous engager en tant que leader,
posez-vous ces deux questions :
Si ce n'est pas moi qui le fais, qui le fera ? (*if not me, who* ?)
Si je ne le fais pas maintenant, quand le ferai-je ?
(*if not now, when ?*) »
Bill George
Ancien PDG de Medtronics

Sans verser dans les prophéties sombres, il est indéniable que des défis considérables devront être relevés dans les décennies à venir, comme celui de nourrir 2 milliards d'hommes supplémentaires tout en enrayant la dégradation de notre environnement.

Actuellement, près de 900 millions d'hommes souffrent déjà de la faim, et plus de 15 000 enfants meurent chaque jour de faim ou de malnutrition, soit environ un toutes les cinq secondes[1], alors que l'humanité n'a jamais connu une telle

1. 55 % des 12 millions de décès d'enfants chaque année dans le monde sont dus à la malnutrition. Source: FAO (*http://www.fao.org/worldfoodsummit/english/fsheets/malnutrition.pdf*).

richesse. Or, l'essentiel de l'augmentation de la population mondiale (qui devrait passer de 7 à 9 milliards d'ici 2050) viendra des pays en développement.

Comme le souligne Lester Brown, fondateur de l'Institut Worldwatch, dans son dernier livre *Full Planet, Empty Plates – The New Geopolitics of Food Scarcity*[1], répondre à ce défi alimentaire est encore plus compliqué avec l'ampleur de la crise écologique, car le modèle agricole dominant (l'agriculture industrielle) est fortement consommateur d'eau et d'intrants chimiques détériorant les sols, et entraîne des émissions importantes de CO_2. Or il s'avère déjà que nous sommes « les premières générations à atteindre les limites de la biosphère »[2]. Le concept de « limites planétaires » a été introduit en 2009 par le chercheur suédois Johan Rockström et près de 30 autres scientifiques de renommée internationale. Pour neuf grandes dimensions environnementales (changement climatique, pollution chimique, acidification des océans, etc.), des seuils à ne pas franchir (*safe operating spaces*) ont été déterminés. Ils sont représentés par la zone gris clair dans le graphique ci-dessous, publié par le Stockhom Resilience Institute. Ce graphique indique que les limites ont déjà été franchies pour trois dimensions. Plusieurs autres indicateurs se rapprochent progressivement des limites identifiées.[3]

---

1. *Cf.* Lester Brown, *Full Planet, Empty Plates – The New Geopolitics of Food Scarcity*, W. W. Norton & Co, 2012. Pas encore de traduction française, le résumé du livre est disponible sur mon site.
2. *Fin de l'occident, naissance d'un monde*, Hervé Kempf, Seuil, 2013.
3. *www.stockholmresilience.org*. Pour un article scientifique sur le concept de limites planétaires, voir « Planetary Boundaries: Exploring the Safe Operating Space for Humanity », *http://www.ecologyandsociety.org/vol14/iss2/art32/*.

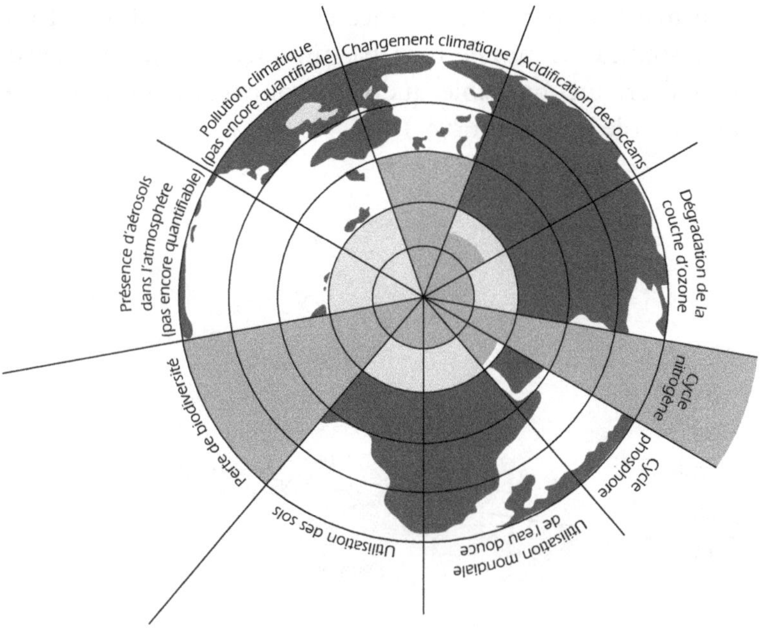

Figure 7.1 – Les neuf limites planétaires à surveiller

Si nous devions évoquer un autre défi à relever, retenons la souffrance morale. Près d'un million de personnes se suicident chaque année dans le monde, soit 2 700 par jour, et le taux de suicide augmente continûment depuis 1950 (voir graphique ci-dessous publié par l'Organisation mondiale de la Santé[1]). Par ailleurs, la consommation d'antidépresseurs est elle aussi en augmentation constante : elle a été multipliée par quatre en vingt ans aux États-Unis, où un habitant sur dix en prend

1. Voir le site de l'OMS : *www.who.int/mental_health/prevention/suicide/evolution/en/index.html.*

désormais[1], et par six en France entre 1980 et 2001[2]. Toute cette souffrance morale n'est pas uniquement liée au travail, mais il est incontestable que l'environnement professionnel joue un rôle important.[3]

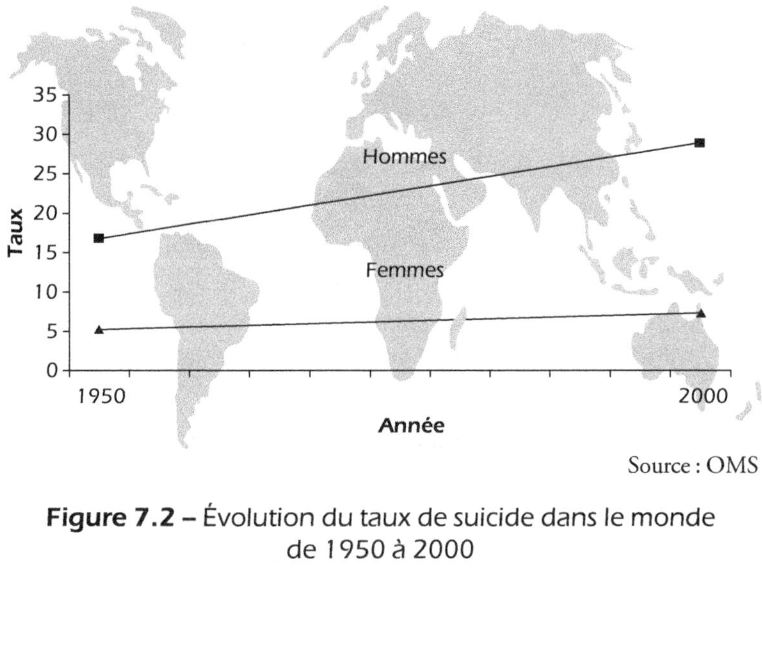

Source : OMS

Figure 7.2 – Évolution du taux de suicide dans le monde de 1950 à 2000

1. « La consommation d'antidépresseurs a explosé en vingt ans aux États-Unis », Le Monde, 19 octobre 2011.
2. « Antidépresseurs : un choix collectif ? », *Sciences humaines*, 1er septembre 2005.
3. Voir *Éloge du bien-être au travail*, Dominique Steiler, John Sadowsky, Loïck Roche, PUG, 2010.

Face à ces défis, comment réagissent les décideurs ? Leur première réaction peut être de se sentir dépassé, en pensant que leur mission est avant tout de développer leur entreprise, ce qui est déjà une contribution à la société à travers la création d'emplois et le versement d'impôts.

LA NÉCESSITÉ D'UN SAUT DE CONSCIENCE

« Notre transformation est venue bousculer toutes les règles de l'économie du «prendre-produire-jeter» (*take-make-waste*), des règles que nous avions hérité de la première révolution industrielle et que beaucoup d'entre nous acceptent toujours sans y réfléchir. Cette vieille façon de faire des affaires fonctionnait quand nous pensions que la terre pouvait fournir des ressources illimitées, une énergie illimitée, et un espace illimité pour jeter tout ce que nous produisons. »

Ray Anderson
Ancien PDG d'Interface[1]

Une double révolution dans les mentalités des décideurs, un double « saut de conscience », se traduisant ensuite par un engagement fort, est nécessaire :

- Considérer que ces enjeux nous concernent directement. Même si ne nous sommes pas directement affectés (ou pas encore), faire le constat qu'hommes et nations sont liés par une communauté de destin et par une fraternité humaine

1. *Confessions of a Radical Industrialist: How Interface proved that you can build a successful business without destroying the planet*, Ray Anderson, Blackstone, 2009, location 229.

amène à prendre en compte le bien commun à l'échelle mondiale, et plus seulement à l'échelle régionale ou nationale.[1]

- Prendre conscience et décider que nous pouvons, quel que soit notre secteur d'activité, apporter des solutions relatives à au moins un de ces trois enjeux tout en développant notre activité. Il y a maintenant suffisamment d'exemples qui témoignent que cela est possible. Les stratégies de type « bas de la pyramide »[2], les initiatives visant la Triple Bottom Line ou le « partage de la valeur » (voir chapitre 5), les innovations proposées par les entreprises sociales (*social business*)[3], ainsi que les exemples d'« entreprises de territoire »[4] sont de nou-

1. Sur cette question du bien commun, voir *Leadership, Spirituality, and the Common Good*, sous la direction de Henri-Claude de Bettignies et Mike Thompson. Henri-Claude de Bettignies, Professeur émérite de la Chaire Aviva "Leadership et Responsabilité" à l'INSEAD, est auteur de nombreux autres ouvrages, et a aussi assuré la direction de l'ouvrage collectif *Finance for a Better World: The Shift Toward Sustainability* (Palgrave McMillan, 2009).
2. Voir l'ouvrage majeur intitule *4 milliards de nouveaux consommateurs: Vaincre la pauvreté grâce au profit*, C.K.Prahalad, Village Mondial, 2004 (Titre original: *The Fortune at the Bottom of the Pyramid: Eradicating Poverty Through Profits*), ainsi que le livre plus récent et plus ambitieux encore *The Business Solution to Poverty: Designing Products and Services for Three Billion New Customers*, Paul Polak et Mal Warwick, Berrett-Koehler, 2013.
3. Sur le concept de social business ou d'entreprise sociale, voir *Vers un nouveau capitalisme*, Muhammad Yunus, Le Livre de Poche, 2009 et *L'Entreprise du XXIe siècle sera sociale (ou ne sera pas)*, Jean-Marc Borello, François Bottollier-Depois, Nicolas Hazard, Rue de l'Échiquier, 2012.
4. L'entreprise de territoire est définie comme une entreprise qui pense le développement économique à la fois pour elle-même et pour le territoire sur lequel elle est implantée. L'objectif n'est plus de faire grandir la structure pour elle-même mais de développer l'activité locale (et notamment l'emploi). Plus de détails et des cas (notamment celui du groupe Archer dans la Drôme) peuvent être trouvés dans l'ouvrage *L'économie qu'on aime . Relocalisations, création d'emplois, croissance*, Amandine Barthélémy, Sophie Keller, Romain Slitine, Rue de L'Échiquier, 2013, p21-24.

velles formes de business dont il existe désormais des exemples convaincants. Nous avons cette chance formidable de pouvoir compter sur ces expériences, soit pour les reproduire, soit pour s'en inspirer afin d'en inventer d'autres.

De la conscience à l'engagement : le cas de Ray Anderson, PDG d'Interface

Ray Anderson crée Interface, un fabricant de dalles de moquette, à l'âge de 43 ans, après 17 ans de carrière comme employé. 21 ans plus tard, sa société atteint 1 milliard de dollars de chiffre d'affaires, est en forte croissance, tout en étant extrêmement rentable.

Joli parcours et conditions idéales pour prendre sa retraite... Mais partir à la retraite n'est pas le destin de Ray Anderson. Au début des années 1990, il lit l'ouvrage de Paul Hawken, *The Ecology of Commerce*[1].

Anderson est bouleversé par cette lecture (« Je n'ai pas honte de dire que j'ai pleuré »). Il prend conscience dans la douleur qu'il a dirigé son entreprise pendant toutes ces années sans la moindre attention à son impact environnemental.

À partir de ce moment, il ne se limite plus à respecter les lois environnementales de son pays (les États-Unis) : il décide de faire d'Interface une référence mondiale de la protection de l'environnement et de la durabilité.

Il est rapidement convaincu que mettre l'environnement au premier rang des priorités est un fantastique modèle d'entreprise (« *a terrific business model* »). Son intention n'est pas de

☞

1. *L'écologie de marché ou L'économie quand tout le monde gagne : Enquêtes et propositions*, Paul Hawken, Souffle d'Or, 1997

sacrifier ses profits, mais de faire grandir son entreprise tout en maximisant sa contribution à l'environnement (« Faire plus de profits en faisant ce qui est juste pour la Terre », écrit-il de façon provocante).

Dans son livre, il partage avec franchise les difficultés rencontrées au début : le manque de vision précise sur ce qu'il doit faire, la peur et les réticences de ses collaborateurs, le scepticisme des investisseurs.

Mais une ambition forte émerge rapidement, en 1994, « Initiative Mission Zero », qu'il décide de mettre en place d'ici 2020 : plus de recours au pétrole, plus de déchets, plus aucune pollution ; une transformation radicale du système industriel d'Interface.

La détermination d'Anderson et des équipes à faire de cette vision une réalité est impressionnante. Le projet enthousiasme tellement les collaborateurs que des progrès très rapides sont effectués, au-delà de toute prévision.

De 1996 à 2008, Interface réduit ses émissions de gaz à effet de serre de 70 %, tout en augmentant ses ventes de 60 % et en doublant ses profits. 400 millions de dollars d'économies cumulées sont réalisées suite à la réduction du gaspillage et les déchets envoyés dans les décharges diminuent de 75 %.

Anderson est tout à fait convaincu que sa société a acquis un avantage compétitif majeur dans ce parcours (y compris pour attirer des collaborateurs de talent) et que ses efforts ont attiré l'attention de ses clients, mieux que n'importe quelle campagne de publicité.

Pour lui, si Interface a pu faire autant de progrès, tout le monde peut le faire : « Un pas après l'autre, chaque pas créant de la valeur et préparant le terrain pour le prochain. »

(Malheureusement, décédé en 2011, il ne pourra pas voir l'ensemble des résultats obtenus).
Son livre, *Confessions of a Radical Industrialist*, décrit avec précision chacune des sept faces du « Mont Durabilité » (*Mount sustainability*, comme l'initiative Mission Zéro a été appelée en interne). L'ascension de chaque face (zéro déchet, zéro pollution, arrêt de l'utilisation du pétrole, etc.) est expliquée en détail et donne la preuve que cela est réalisable, même dans une industrie considérée comme polluante par nature.

Nous ne pouvons plus nous permettre de laisser les commandes à des décideurs qui, du matin au soir, semaine après semaine, se préoccupent uniquement des intérêts de leur organisation ou pire, de leurs intérêts propres. Le monde a besoin de décideurs qui trouvent, avec créativité, les moyens de répondre à ces défis tout en servant les intérêts de leur organisation.

Intégrer une pratique de sagesse comme la méditation – mais ce n'est pas la seule – dans sa vie de décideur aide à faire ce double saut de conscience. D'une part, le sentiment de fraternité et de proximité avec la nature, et la conscience que sa propre vie n'a finalement pas plus d'importance que celle de tout autre être humain, deviennent de plus en plus naturels. D'autre part, la pratique permet de prendre régulièrement du recul pour rester relié à l'essentiel dans la vie, « ce qui est plus grand que nous ». Or, l'essentiel, à la fin d'une vie, ne peut pas être, pour la grande majorité des hommes, un taux de croissance ou la masse de biens accumulés.

Une pratique comme la méditation a un rôle crucial à jouer dans ce basculement, car celui-ci n'est pas d'ordre intellectuel (tout le monde connaît plus ou moins l'ampleur des défis) mais d'ordre émotionnel et spirituel. Quelque chose d'essentiel, de sacré même, doit être touché en nous.

La responsabilité de notre génération : allumer un « feu sacré »

Les générations précédentes ont eu leurs combats essentiels : la lutte contre l'esclavage et contre la misère ouvrière aux XVIIIe et XIXe siècles, puis au XXe siècle, la lutte pour l'égalité des droits (entre hommes et femmes, et entre les différentes races), pour la construction européenne ou contre la peine de mort. Si ces derniers combats ne sont pas achevés partout, nos générations ont la responsabilité de s'engager dans le grand combat du XXIe siècle : éliminer la pauvreté extrême tout en rétablissant les équilibres écologiques menacés, de sorte que les générations futures trouvent la terre dans l'état où nous l'avions trouvée (et même dans un meilleur état).

C'est un combat qui touche à la justice la plus élémentaire : envers ceux qui meurent de faim alors que nous n'avons jamais produit autant de richesses, et envers les générations futures dont nous sommes en train d'hypothéquer l'avenir.

C'est est au passage une formidable occasion de redonner un souffle à l'Europe, et à la France en particulier. Quelle ironie de constater que notre pays est en panne, englué dans un sentiment permanent de crise morale, alors que ce défi immense nous attend ! Imaginons un instant que les décideurs en France et en Europe fassent preuve de leadership dans ce combat, s'engagent et ouvrent de nouvelles voies. Ne serait-ce pas une source de fierté pour nous-mêmes et pour les générations futures, cette même fierté avec laquelle nous regardons ces ancêtres qui ont mis fin à l'Ancien Régime et inventé la République ? Incarner la sagesse que nous avons reçue en héritage, des philosophes de l'Antiquité en particulier, et qui a été depuis enrichie par la rencontre avec l'Orient, serait aussi une façon de nous relier à nos racines.

LA RESPONSABILITÉ DES DÉCIDEURS

« Il faut savoir que Patagonia était censée être à sa création une vache à lait facile à traire, avec le minimum de risques et sans vrai intérêt pour l'environnement [...]. Nous ne prétendons pas être un modèle de durabilité. Ce que nous pouvons illustrer, c'est la manière dont un groupe de décideurs en viennent à prendre conscience de leurs responsabilités environnementales et sociales, puis commencent à agir en conséquence [...]. »

Yvon Chouinard
Fondateur de Patagonia[1]

Nous ne devons pas compter uniquement sur les décideurs. Chacun a un rôle à jouer et peut exercer un leadership : lors de mes conférences, je rencontre souvent des personnes qui ne sont pas en position de responsabilité hiérarchique mais ont pris des initiatives exemplaires. Un livre comme *Un million de révolutions tranquilles. Comment les citoyens changent le monde* montre bien à quel point nous avons besoin de ces initiatives.[2] L'histoire suivante, issue d'une légende amérindienne, nous le rappelle aussi. Souvent citée par Pierre Rahbi, paysan et philosophe, auteur de nombreux livres dont *La Sobriété heureuse*, elle a aussi donné nom à son mouvement : Colibris.[3]

1. *The Responsible Company, What we've learned from Patagonia's First 40 Years, op. cit.* La première phrase se trouve p. 2 et les suivantes p. 3.
2. *Un million de révolutions tranquilles. Comment les citoyens changent le monde,* Bénédicte Manier, Les Liens Qui Libèrent, 2012.
3. Initialement appelé Mouvement pour la Terre et l'Humanisme (*www.colibris-lemouvement.org*).

> Un jour, dit la légende, il y eut un immense incendie de forêt. Tous les animaux terrifiés, atterrés, observaient impuissants le désastre.
>
> Seul le petit colibri s'activait, allant chercher quelques gouttes avec son bec pour les jeter sur le feu. Après un moment, le tatou, agacé par cette agitation dérisoire, lui dit : « Colibri ! Tu n'es pas fou ? Ce n'est pas avec ces gouttes d'eau que tu vas éteindre le feu ! » Et le colibri lui répondit : « Je le sais, mais je fais ma part. »

Si chacun a sa contribution à apporter, il y a dans les forêts des animaux qui ont plus de capacité à porter de l'eau qu'un colibri. Ils ont par conséquent une responsabilité plus grande dans la maîtrise de l'incendie, une responsabilité à la mesure de leur aptitude.

L'influence des décideurs en entreprise, en particulier, représente une fantastique opportunité pour le monde, car lorsqu'ils orientent leur talent et leur énergie au service de la société, ils avancent vite et les choses changent. D'autant plus qu'ils peuvent entraîner de nombreuses personnes derrière eux (un leadership inspirant est aussi contagieux qu'un leadership désastreux).

UN SCÉNARIO EXTRÊME

Imaginons un scénario extrême : tous les décideurs, quel que soit leur champ d'activité, méditent ou pratiquent une forme de sagesse. Celle-ci n'est pas une vague idée qui leur vient à l'esprit de temps à autre, mais ils ont pris l'habitude de placer leur pratique au cœur de leur action. Il leur est devenu naturel de ralentir et prendre du recul à intervalles réguliers pour se concentrer sur l'instant présent, gagner en lucidité sur eux-mêmes, cultiver leur empathie et vérifier l'alignement de leur action avec leurs valeurs. Prendre un temps chaque jour pour veiller à incarner la sagesse est aussi systématique que de consulter leurs e-mails.

Que se passerait-il dans les entreprises et plus généralement dans les organisations ? Ces décideurs dirigeraient-ils de façon plus inspirante et s'engageraient-ils massivement pour répondre aux besoins du monde ?

Évidemment, les choses sont plus compliquées que cela. La pratique de la sagesse ne fait pas disparaître les travers de la nature humaine. Sagesse ou pas, méditation ou pas, la face sombre de la nature humaine ne disparaît pas systématiquement. Cependant, une pratique de sagesse donne une chance à la face lumineuse de se renforcer et de briller davantage.

Une nouvelle forme de vie se dessinerait toutefois dans les entreprises : moins de conflits, moins de comportements dictés par l'ego, moins de souffrances infligées à soi-même ou aux autres, mais plus de comportements pro-sociaux et pro-environnementaux en raison d'une plus grande conscience de l'impact des décisions prises. Davantage de décideurs prendraient l'initiative de redéfinir leur rôle dans la société en mettant leur talent et leurs compétences à son service. Une nouvelle façon de diriger verrait le jour, se rapprochant de ce que la chercheuse Tania Singer appelle « *caring economics* », une économie fondée sur la bienveillance, dans laquelle la coopération et la compassion viendraient équilibrer la compétition.[1]

1. Au Forum Économique Mondial de Davos, elle a été invitée à parler de cette économie de la bienveillance (*caring economics*), basée sur la coopération et la compassion au lieu de la seule compétition. Le soutien de l'Institute for New Economic Thinking va lui permettre, en collaboration avec l'économiste Dennis Snower (Kiel Institute for the World Economy), d'approfondir ses rercherches. Elle publiera aussi fin 2014 avec Matthieu Ricard un livre intitulé *Towards a caring economy*, qui fera suite à la conférence

Il faut toutefois reconnaître que ce scénario extrême est difficilement réalisable : l'apprentissage de la sagesse n'intéresse pas tout le monde et la méditation encore moins. Certains réagissent à la méditation comme des végétariens devant un morceau de viande ! Et il n'y a rien à leur reprocher. Comme le fait remarquer Jeremy Hunter, il faut se garder de verser dans un nouvel « évangélisme de la *mindfulness* », en disant aux gens : « ce que vous faites n'est pas bien et nous avons la réponse pour vous ».[1]

La bonne nouvelle est qu'il n'est pas nécessaire que tout le monde soit intéressé par la sagesse, la méditation ou de nouveaux modes de business pour initier une transformation majeure.

L'URGENCE DU RÉVEIL DE LA CONSCIENCE : IDENTIFIER LE POINT DE BASCULE

> « Ne sous-estimez jamais la puissance d'un petit groupe de citoyens engagés à changer le monde. De fait, cela ne s'est jamais passé autrement. »
> Margaret Mead

Il y a désormais urgence à créer ce saut de conscience collectif, mais la tâche paraît beaucoup moins redoutable lorsqu'on prend conscience que beaucoup de grands changements qui ont marqué l'histoire n'ont pas exigé l'implication d'une majorité de personnes. Comme l'a fait remarquer Malcom Gladwell

« Altruism and Compassion in Economic System » organisée par l'Institut Mind and Life en 2010 à Zurich.

1. *Working with mindfulness, op .cit.*, location 192-208.

dans son livre *The Tipping Point*, « les idées, les produits, les messages et les comportements se propagent exactement comme les virus ». Il prend dans son livre de nombreux exemples, dont celui de la chute de la criminalité à New York dans les années quatre-vingt-dix : « Ce n'est pas comme si un énorme pourcentage des criminels s'était soudain assagis [...]. En réalité, les forces policières ont réussi à avoir un impact sur quelques personnes ; celles-ci ont commencé à se comporter différemment, et leur comportement s'est en quelque sorte propagé à d'autres criminels se trouvant dans des situations semblables. »[1] Pour Galdwell, un tout petit nombre de personnes peuvent être à l'origine d'une telle « épidémie » : « Les épidémies sociales fonctionnent exactement comme les épidémies de maladies. Elles sont déclenchées par les actions d'une poignée de gens qui se distinguent nettement de la masse par leur sociabilité, leur énergie, leurs connaissances ou leur influence. »[2]

Vincet Nayar, PDG de HCL Technologies et auteur de *Les employés d'abord, les clients ensuite : comment renverser les règles du management*, a fait le même constat dans son entreprise : les acteurs du changement (*transformers*) ne représentent qu'une petite minorité, mais ont la capacité d'entraîner derrière eux ceux qui constituent la majorité, à savoir les indécis (*fence-sitters*, littéralement ceux qui sont assis sur la barrière, prêts à aller d'un côté comme de l'autre).[3] Seuls 5 % à 10 % des

1. *Le Point de bascule : comment faire une grande différence avec de très petites choses*, Malcom Gladwell, Flammarion, 2012, p. 12-13 (Titre original : *The Tipping Point*, Little Brown, 2000).
2. *Ibid.*, p. 27.
3. La troisième catégorie est constituée par les « âmes perdues » (*lost souls*). Voir *Les employés d'abord, les clients ensuite : comment renverser les règles du*

effectifs sont, selon Nayar, nécessaires pour créer une « fusion qui dégage une énergie considérable ».[1]

Même en étant très prudent et en fixant le seuil de déclenchement de l'effet de bascule à 15 % ou 20 % d'une population, bien au-dessus de celui identifié par Gladwell, son analyse crée un véritable espoir. Il suffirait en effet d'atteindre une telle masse critique pour qu'un changement devienne contagieux et s'étende à l'ensemble de la société.

Atteindre ce seuil de 15 % ou 20 % de décideurs activement engagés dans une pratique de sagesse incarnée dans une autre façon de mener leurs affaires, prenant en considération les plus pauvres et les générations futures, signifierait qu'ils seraient présents dans tous les secteurs économiques et dans quasiment toute organisation, à l'exception peut-être des plus petites. Leur impact serait décisif : évoquer ces sujets publiquement deviendrait facile (la grande majorité des décideurs interrogés pour ce livre ont insisté pour rester anonymes) et cela créerait un effet d'entraînement.

Toutefois, les décideurs qui ont fait ce saut de conscience sont encore peu nombreux (bien qu'en forte augmentation). Quelles seraient les conditions qui permettraient d'atteindre ce seuil de 15 % à 20 % ?

---

management, Vincet Nayar, Diateino, 2011 (la distinction entre les trois catégories se trouve au passage 342 de l'édition anglaise sur Kindle).

1. *Ibid.*, location 1901.

CRÉER LES CONDITIONS POUR FRANCHIR LE POINT DE BASCULE

> « Une des plus anciennes idées à propos du leadership est que le pouvoir doit s'accompagner de sagesse [...] Les anciens, grecs et chinois, étaient convaincus que cela demandait une vie d'effort personnel, guidé par des maîtres. »[1]

Faut-il attendre que quelques personnalités donnent une impulsion décisive ? Leur engagement serait en effet bienvenu car leur impact médiatique contribuerait à faire évoluer les consciences. Imaginez l'effet créé par la couverture d'un magazine faisant figurer plusieurs grands patrons qui évoqueraient leur engagement ! Mais pourquoi attendre ?

Plutôt que de compter sur quelques individualités médiatiques, il s'agit de mettre en place trois mouvements fondamentaux, qui ont trait à la création de cursus, de réseaux et de lieux favorisant le saut de conscience nécessaire :

- Repenser la formation des décideurs, en interne (dans les entreprises) comme dans les institutions formant les décideurs (écoles de commerce et d'ingénieurs, par exemple).
- Établir des institutions qui viennent soutenir les décideurs souhaitant s'engager dans une discipline de sagesse personnelle ou collective.
- Réformer le cursus éducatif pour y intégrer des pratiques de sagesse, concrètes, laïques et adaptées aux enfants.

1. *Presence. An exploration of Profound Change in People, Organizations, and Society*, Peter Senge, Otto Scharmer, Joseph Jaworski et Betty Sue Flowers, Crown Business, 2008, p. 178 (traduction de l'auteur).

Pour réussir, ces initiatives doivent combiner souplesse et ouverture, et être présentées de manière laïque.

FAVORISER UN SAUT DE CONSCIENCE DANS LA FORMATION DES DÉCIDEURS

> « Le flot de critiques qui ont accusé les business schools de produire des êtres immoraux pour qui la fin justifie les moyens sont enfin en train de les inciter à repenser leur fonction et leur curriculum, et à être plus innovantes dans leurs méthodes d'enseignement. Certaines initiatives sont prometteuses (...) Mais la formation de leaders responsables exige une évolution beaucoup plus profonde: un changement du paradigme dominant enseigné dans ces écoles. »[1]
>
> Henri-Claude de Bettignies

La question de savoir si les capacités de leadership sont innées ou à acquérir a longtemps été débattue. Il n'y a toujours pas de consensus, mais quelques idées fortes se dégagent tout de même :

- Bien que certains naissent avec un leadership naturel, la capacité de leadership existe en tout individu et peut être développée.[2]
- Même ceux qui sont naturellement doués ont leurs limites et doivent à un moment ou à un autre travailler leur leadership

1. *Developing Responsible Leaders: Who is Responsible?*, Henri-Claude de Bettignies. Article disponible sur le site de l'organisation Globally Responsible Leadership Initiative (GRLI) : *www.grli.org*. Traduction de l'auteur.
2. Le livre classique de Warren Bennis. *On becoming a leader* (Basic Books, 2009) reste le meilleur plaidoyer pour cette approche « démocratique » du leadership.

pour lui donner plus d'ampleur et de flexibilité, soit en consolidant leurs points forts, soit en améliorant leurs points faibles.[1]

Ce travail peut être laissé à l'initiative individuelle, mais la plupart des organisations qui visent l'excellence ont compris que leur intérêt était de veiller au développement de leurs leaders.

Malheureusement, les pratiques de sagesse et l'invention de nouvelles formes de business face aux enjeux du monde sont assez systématiquement négligées, au mieux présentes uniquement sous la forme de quelques cours d'éthique dispensés ici et là. Face à cette absence, il faut une vision forte : que cet apprentissage soit proposé systématiquement et à tous les niveaux de responsabilités dans les entreprises, et dans les enseignements des institutions qui forment les décideurs.

Faire une place à des pratiques de sagesse dans la formation des décideurs en entreprise

Dans les entreprises mondialement reconnues, la formation des décideurs fait déjà l'objet de beaucoup d'attention. De nombreux programmes internes sont même plus en pointe que ceux proposés dans les institutions dont la vocation est de former des décideurs, notamment en ce qui concerne l'intégration du facteur humain dans le leadership. Par exemple, certaines entreprises ont intégré des modules d'intelligence émotionnelle dès que les premiers travaux sérieux furent publiés sur le sujet, car cela répondait

1. Marcus Buckingham, auteur de *Découvrez vos points forts* (Pearson, 2008) représente bien la première option. Marshall Goldsmith, rendu célèbre aux États-Unis comme coach de Jack Welch alors qu'il était patron de GE et auteur de *L'Ultime Échelon : de la réussite à l'excellence* (Un monde différent, 2012) insiste lui sur l'identification de comportements qui bloquent la progression d'une carrière de décideur et invite ensuite à les modifier de manière rigoureuse.

à une problématique qu'elles connaissaient : des leaders brillants intellectuellement mais qui échouaient par manque de sensibilité à la dimension émotionnelle du management.

Toutefois, la plupart n'ont pas encore pris la mesure du défi que représente la recherche de sens et de sérénité d'un nombre croissant de leurs collaborateurs, et l'attention qui doit être portée à « être » autant qu'à « faire ». La capacité à ralentir à intervalles réguliers pour se recentrer, se ressourcer, veiller à agir selon ses valeurs ou entretenir sa qualité de présence est trop souvent négligée. Les programmes de développement du leadership sont d'ailleurs souvent surchargés, construits dans une logique d'accumulation de connaissances orientées vers le savoir-faire. Par ailleurs, la réflexion sur l'impact social et environnemental de l'activité de l'entreprise est aussi souvent absente, car confiée aux seuls professionnels de la RSE, de sorte que les managers opérationnels en entendent peu parler.

Il manque donc encore dans le développement du leadership en entreprise un pan entier qui viserait à dégager des réponses à une question essentielle : « Comment pouvons-nous, en tant que décideurs dans cette entreprise, individuellement et collectivement, combiner davantage performance, sens, bien-être, et contribution maximale au monde ? » Une autre formulation pourrait être : « Comment se développer et innover tout en prenant toute notre responsabilité face aux enjeux du monde ? »[1]

C'est une question difficile, à laquelle chaque entreprise doit s'atteler car la réponse lui est propre et ne peut venir que d'un effort régulier de réflexion impliquant la stratégie même de l'entreprise. Concrètement, il paraît par exemple essentiel

1. Sur le lien entre innovation et engagement, voir le livre de Xavier Pavie, *Innovation-responsable : stratégie et levier de croissance pour les organisations*, Eyrolles, 2012.

que les comités de direction la prennent à bras-le-corps à intervalles réguliers (tous les trois ou six mois) au cours de courtes retraites qui offrent un refuge hors de l'urgence quotidienne. *A contrario*, cela ne doit pas être une question qui fait uniquement surface de temps à autre.

En ce qui concerne la méditation ou la *mindfulness* en particulier :

- seule une très faible minorité d'entreprises l'abordent dans leur axe de développement du leadership ;
- parmi celles qui la prennent en compte, il s'agit souvent de modules courts d'introduction, insérés dans un programme de leadership existant ;
- la plupart de ces initiatives sont orientées vers la réduction du stress, un angle qui limite les perspectives, notamment dans les secteurs où une dose de stress est perçue comme un facteur de succès (la première tentative faite par Meng d'introduire la méditation chez Google a échoué pour cette raison).

Il y a donc encore un travail considérable à mener pour faire accepter l'idée que la méditation puisse jouer un rôle essentiel dans la progression d'un leader. Potentiellement, elle pourrait être proposée dans l'ensemble des programmes élaborés par les entreprises, sur un mode optionnel ou non, en fonction de leur propre culture.

Le principal écueil à éviter est de faire de la méditation ou de la *mindfulness* un court module noyé dans la masse, orienté vers la gestion du stress et qui ne permettrait ni approfondissement ni suivi (par exemple, une session de deux heures au cours d'un programme de trois ou quatre jours). L'expérience a déjà montré qu'il fallait un suivi sur plusieurs semaines pour mettre en place des habitudes et obtenir des résultats (voir le programme MBSR). Dans le cas contraire, la déception peut être forte, comme l'a ressenti Charles. Ce décideur a finalement cessé d'encourager la mise en place d'un programme de *mindfulness* dans son entreprise après avoir vu son initiative dépouillée de ses éléments essentiels.

La mise à disposition, dans les entreprises, d'un lieu pour pratiquer est un autre moyen de diffuser la méditation. La société If Financial, citée dans le premier chapitre, y consacre une pièce depuis qu'une formation a été proposée à quarante de ses cadres (voir chapitre 1). Elle est accessible deux fois par jour à heure fixe, à tous ceux qui veulent pratiquer ou juste se ressourcer dans un espace calme. Le nombre de personnes qui se présentent varie de quelques-unes à une dizaine. Le maître vietnamien Thich Nhat Hanh nomme ces espaces « pièces de respiration » (*breathing rooms*), mais elles pourraient aussi être appelées pièces de ressourcement ou, pourquoi pas, pièces de créativité.

Réformer les institutions qui produisent les décideurs

Le terme produire est ici utilisé à dessein, car la façon dont beaucoup de ces institutions opèrent est encore influencée par le paradigme industriel : l'objectif est de produire un grand nombre de décideurs qui acquièrent le plus de connaissances possibles au cours de leur formation (et sont capables d'en faire la restitution lors d'examens). Le leadership en tant que tel est rarement abordé en profondeur et sa dimension humaine est souvent réduite. Des éléments essentiels de leadership sont négligés, comme la connaissance de soi, la capacité à travailler en équipe, l'empathie et la gestion des émotions, la capacité à créer de la confiance et à résoudre des conflits, et l'alignement de son action avec ses propres valeurs pour créer et servir une vision qui a du sens.

L'enjeu va donc bien au-delà de l'introduction de la méditation : il est d'inviter hommes et femmes d'action (étudiants en formation initiale ou managers en formation continue) à davantage prendre en considération à la fois la dimension humaine du leadership et leur responsabilité pour inventer de nouveaux modèles de business qui apportent une contribution maximale au monde.

Il faut absolument veiller à ce que ces deux dimensions combinées représentent au moins 20 % à 30 % d'un cursus de chaque MBA ou EMBA dans le monde, et pas seulement quelques modules noyés dans la masse des connaissances dispensées. Certaines institutions sont en train de prendre des initiatives, mais il est urgent d'aller plus loin, et surtout que cet effort se généralise à tous les programmes et toutes les institutions existantes.[1]

Ce défi du remaniement des institutions rappelle par son ampleur celui qu'a relevé Yukichi Fukuzawa, il y a plus d'un siècle, au Japon. En créant l'Université Keio, dont la mission était d'ouvrir le Japon à l'Occident après plus de deux siècles d'isolement presque total du pays, Fukuzawa a contribué à faire basculer la société dans un sens en accord avec ses propres convictions et a fait la preuve de l'importance de l'enseignement supérieur. Pour cela, comme il le raconte dans son autobiographie, il a dû affronter un grand nombre d'obstacles, y compris des menaces de mort. L'université figure, encore aujourd'hui, parmi les plus prestigieuses du Japon.[2]

1. En France, par exemple, en ce qui concerne l'invention de nouveaux modes de business, HEC a créé la *Chaire Social Business/Entreprise et Pauvreté* et l'ESSEC la *Chaire Entreprenariat Social*, qui sont des initiatives marquantes. Les programmes MBA et EMBA restent toutefois encore largement dominés par les enseignements traditionnels.
2. Quand Fukuzawa était un jeune adulte, le Japon venait de s'ouvrir au reste du monde après plus de deux siècles d'isolement presque total sous le shogunat Tokugawa. Le Japon s'était coupé du reste du monde, un peu

Heureusement, réformer les institutions qui forment les décideurs pour qu'elles accordent une place à l'apprentissage d'une sagesse incarnée dans l'action ne devrait pas présenter les mêmes dangers. Mais c'est tout de même un énorme chantier qui demande de la détermination.

DE NOUVELLES INSTITUTIONS CRÉANT UN PONT ENTRE SAGESSE ET BUSINESS

« L'utopie est la vérité de demain. »
Victor Hugo

Des « monastères laïques » à proximité des grandes villes

L'environnement de travail de la plupart des décideurs ne favorise pas leur ancrage dans la sagesse : un rythme de travail élevé, exclusivement orienté vers l'action, dans un cadre souvent coupé de la nature, qui offre peu d'occasions de souffler, de ralentir pour se connecter à soi-même et aux autres, pour véri-

---

comme nos institutions ont négligé l'apprentissage de la sagesse. Quand le Japon a été forcé de s'ouvrir suite aux pressions exercées par le gouvernement américain, la plupart de l'élite japonaise a tenté de résister à toute forme d'influence occidentale. Le slogan « rejeter les étrangers » était particulièrement en vogue, et l'apport de l'Occident était soit rejeté ouvertement, soit accepté uniquement dans la perspective que le Japon se renforce suffisamment pour être en mesure de se débarrasser ensuite des étrangers. Seules quelques voix s'élevaient alors pour prôner une ouverture franche aux idées et aux techniques occidentales. Pour mieux comprendre cette époque passionnante et le parcours de Fukuzawa, voir *La Vie du vieux Fukuzawa racontée par lui-même*, Albin Michel, 2007.

fier l'accord entre son action et ses valeurs ou pour repenser son rôle dans la société en inventant d'autres modes de business.[1]

Les pratiques de sagesse ne peuvent prendre place que dans le temps libre. Or, celui-ci étant limité, elles tendent à être repoussées à plus tard. Par ailleurs, une pratique exclusivement personnelle ne procure pas autant de bénéfices qu'un travail collectif.

Des lieux de conscience doivent être installés à proximité des centres d'affaires des grandes villes du monde, des lieux de silence et de sobriété qui invitent les décideurs à revenir à l'essentiel. Il existe déjà, autour des principales villes, de nombreux lieux dans lesquels séjourner agréablement. Cependant, peu font résonner l'appel à l'essentiel et au réveil de la conscience avec la force et la profondeur aujourd'hui nécessaires.

Les lieux qui s'en rapprocheraient le plus sont sans doute les monastères bouddhistes ou chrétiens. Situés en pleine nature, animés par une communauté soudée grâce à un idéal et une éthique transmissible, ils allient la simplicité, la sobriété et l'apaisement. Toutefois, en raison de leur ancrage religieux, beaucoup de managers et dirigeants hésitent à s'y rendre.

Bien qu'ils aient encore un rôle essentiel à jouer, ils ne semblent donc pas être en mesure de répondre aux défis qui se posent à la majorité des décideurs aujourd'hui. Il faut donc des lieux de conscience qui reprennent les caractéristiques essentielles des monastères mais dans un cadre laïc où tous les décideurs pourraient se rendre, seuls ou en équipe, y compris ceux qui sont hostiles à toute forme de religion instituée.[2]

1. Même *The Economist* considère que ce rythme et ce cadre de travail finissent par desservir les décideurs. Voir l'article « In Praise of Laziness. Businesspeople would be better off if they did less and thought more », *The Economist*, 17 août 2013.
2. Certaines de ces caractéristiques (localisation dans la nature, silence, sobriété) sont relativement faciles à reproduire, tandis que d'autres (appel à l'essentiel,

À ceux qui trouveraient ce projet trop ambitieux, rappelons que des centaines de monastères ont été construits au Moyen Âge, alors que les moyens techniques et financiers étaient limités. Bernard de Clairvaux, par exemple, a contribué à en fonder près de soixante dans la première moitié du XIIe siècle.[1]

Plusieurs sites sont actuellement à l'étude près de Paris, Hong Kong et Genève pour les premières réalisations de ce projet.[2]

Des groupes d'échange et de soutien entre décideurs

En complément de ces lieux de conscience, des groupes de décideurs se réunissant régulièrement pour échanger à la fois sur leur pratique de la méditation et sur leur engagement en tant que leaders (comme évoqué dans le chapitre 4) constitueraient un soutien précieux. Il faudrait que de tels groupes se montent le plus rapidement possible dans chaque grande ville où existe une communauté importante de décideurs.[3]

---

présence d'une communauté) sont plus délicats en l'absence de référence religieuse. Il est toutefois possible de prévoir dans chaque « monastère » une petite communauté de quelques personnes qui y vivraient en permanence pour organiser l'accueil et donner une « âme » au lieu en incarnant les valeurs et la vision. Par ailleurs, la contribution d'artistes apparaît indispensable pour donner une dimension « sacrée » à chaque site, à travers la présence d'œuvres appellant à une ouverture sur l'essentiel dans un esprit laïc.

1. *Bernard de Clairvaux*, Marie-Madeleine Davy, Albin Michel, 2001.
2. Pour plus d'informations sur ce projet, voir une chronique sur l'Express.fr : *Des monastères laïcs pour aider les managers à revenir à l'essentiel*, Sébastien Henry, 3 octobre 2013. (*http://www.lexpress.fr/actualite/aider-les-decideurs-a-revenir-a-l-essentiel_1287699.html*) N'hésitez pas à contacter l'auteur si vous souhaitez en savoir plus (coordonnées dans la conclusion).
3. Une expérimentation est actuellement en cours à Paris, vous pouvez contacter l'auteur pour plus d'informations.

APPRENDRE À ÊTRE HEUREUX ET CONSCIENT DÈS L'ÉCOLE

« La question n'est pas seulement "quelle planète allons-nous laisser à nos enfants ?" mais aussi "quels enfants allons-nous laisser à notre planète ?" »[1]

Au-delà de la transmission des connaissances, la mission de l'école devrait être de former des citoyens épanouis. Dans ce cas, pourquoi ne pas enseigner aux enfants comment être heureux et conscients de leur rôle dans la société ?

Le passage à une éducation universelle et (presque) gratuite dans la plupart des pays développés est une réussite formidable qu'il ne faut pas dénigrer, surtout au regard de la situation qui prévalait en Europe au XIXe siècle et qui prévaut toujours dans de nombreux pays (école inabordable pour toute une partie de la population, et difficile d'accès pour les filles). Toutefois, l'école rend-elle les enfants heureux ? Forme-t-elle des citoyens prêts à jouer leur rôle dans la société ?

Martin Seligman, un des pères de la psychologie positive et ancien président de l'American Psychological Association (voir chapitre 4), a interrogé de nombreux parents sur ce qu'ils pensaient que leurs enfants devraient apprendre. Les réponses mentionnaient notamment le bonheur, la confiance en soi, la joie, l'épanouissement, l'équilibre, la gentillesse, l'amour, la santé. Il leur a ensuite demandé ce que leurs enfants apprenaient réellement à l'école. Le décalage était impressionnant, car les réponses à la seconde question pointaient plutôt la capa-

1. Il s'agit d'une phrase souvent attribuée à Pierre Rahbi, auteur de *La Sobriété heureuse* et de nombreux autres livres, mais je ne peux l'affirmer avec certitude.

cité de réflexion, la capacité à s'adapter à un moule, les compétences en langues et en mathématiques, l'habitude de passer des examens, la discipline et la réussite.[1]

La réalité est que nos enfants ne bénéficient pas, au cours de leur scolarité, d'un apprentissage structuré de compétences qui leur permettraient d'être plus heureux et de trouver plus d'harmonie dans leur vie, comme par exemple :

- gérer ses émotions, et celles des autres ;
- exprimer ses émotions avec tact et de façon constructive ;
- se mettre à l'écoute des autres et comprendre leurs besoins ;
- contribuer à créer de la confiance et de la coopération dans un groupe ;
- résoudre des conflits ;
- faire face à la maltraitance entre élèves (soit comme victime, soit comme témoin).

La pratique de la méditation ou de la *mindfulness* – en respectant la laïcité bien sûr – pourrait jouer un rôle important dans le renforcement de ces compétences, mais elle ne peut être le seul point d'attention. Ce sont plus largement des « compétences

---

1. Merci à Mathieu Ricard, grâce à qui j'ai découvert ces travaux, mentionnés dans son livre *Plaidoyer pour l'altruisme*, p. 604. Pour plus de détails, voir le livre de Seligman, *Flourish: A New Understanding of Happiness, Well-Being - and How to Achieve Them* (Nicholas Brealy, 2011, location 1349), et un de ses articles sur l'éducation positive : *Positive education: positive psychology and classroom interventions* (Oxford Review of Education - *http://www.ppc.sas.upenn.edu/positiveeducationarticle2009.pdf*). Il définit l'éducation positive comme « une éducation qui transmet à la fois des compétences traditionnelles et des compétences pour apprendre à être heureux ». Pour Seligman, plusieurs arguments plaident en faveur de la transmission de ces dernières : la prévalence de cas de dépression chez les jeunes à l'échelle mondiale, la faible augmentation de la satisfaction dans la population, et le lien entre apprentissage et émotions positives.

émotionnelles et sociales » qui sont nécessaires, selon l'appellation utilisée aux États-Unis, pays en pointe sur le sujet où des centaines d'écoles ont déjà adopté la matière *Social and Emotional Learning* (SEL). En France, une telle initiative reste encore limitée dans l'Éducation nationale, mais des innovations se trouvent dans d'autres institutions, essentiellement privées (voir *Ces écoles qui rendent les enfants heureux,* Antonella Verdiani)[1].

Les enseignements de type SEL, de même que les modules portant sur la *mindfulness*, sont particulièrement intéressants car ils peuvent être déployés de façon flexible et pour un coût raisonnable dans un grand nombre d'écoles. L'enjeu essentiel est en effet de ne pas se limiter à une minorité d'écoles privées majoritairement fréquentées par des enfants de familles aisées (voir cas ci-dessous pour un exemple encourageant).

Un programme prometteur dans des écoles maternelles

Le Center for Investigating Healthy Minds fondé par le chercheur Richard Davidson, autorité mondialement reconnue pour ses travaux sur la méditation, a créé plusieurs programmes avec des écoles municipales de la ville de Madison (Wisconsin, États-Unis). Ces programmes incluaient tous une pratique de la respiration consciente, et l'un d'eux, destiné à des enfants de quatre ans, se déroulait sur douze semaines, à raison de deux ou trois sessions de vingt minutes par semaine. Il proposait aux enfants un parcours sur la bienveillance (*Kindness Curriculum*) composé de plusieurs enseignements : pratique de l'attention et de la respiration consciente, lecture de textes sur la bienveillance et activités offrant la possibilité de faire preuve de bienveillance envers les ☞

1. *Ces écoles qui rendent nos enfants heureux : expériences et méthodes pour éduquer à la joie,* Antonella Verdiani, Actes Sud, 2012.

☞

autres. Les chercheurs ont constaté par rapport au groupe témoin une nette amélioration de l'attention et des comportements dits pro-sociaux (actes de bienveillance envers les autres notamment).

En particulier, un des tests d'évaluation consistait à remettre à chaque enfant des figurines autocollantes qu'ils avaient le choix de répartir entre quatre enveloppes correspondant à quatre photos : celles respectivement de leur meilleur ami, de l'enfant qu'ils appréciaient le moins, d'un enfant inconnu et d'un enfant malade. Avant le programme, les enfants mettaient presque tous leurs autocollants dans la même enveloppe (celle de leur meilleur ami), tandis qu'ils les répartissaient plus équitablement à l'issue du programme.

Ces résultats tendent à montrer qu'il existe une voie concrète, laïque et d'un coût raisonnable pour développer l'altruisme et la bienveillance chez de jeunes enfants. La ville de Madison, qui gère quarante-neuf écoles, aurait d'ailleurs décidé d'étendre le programme à de nouveaux établissements. Les chercheurs du Center for Investigating Healthy Minds continuent quant à eux leurs travaux, notamment le suivi des élèves dans la durée pour observer leur évolution.[1]

Il est probable que nos descendants dans un ou deux siècles considéreront la façon dont nous éduquons nos enfants avec consternation, en se posant la question suivante : « Comment pouvaient-ils négliger des dimensions aussi essentielles ? »

Une telle négligence des compétences émotionnelles et sociales pouvait se comprendre à une époque où la priorité absolue allait à la lutte contre l'illettrisme, et que ces thèmes pouvaient être associés à une emprise excessive des religions

1. Pour une description de l'étude par les auteurs, voir *www.investigatinghealthyminds.org/cihmProjEducation.html#mindfulness.* Matthieu Ricard en donne un compte-rendu détaillé dans *Se changer, changer le monde*, *op. cit.*, p. 112-116.

instituées dans le champ éducatif, qu'il s'agissait alors de combattre en vertu de l'idéal républicain. En lisant les biographies d'hommes politiques comme Gambetta ou Clémenceau, on comprend bien que les compétences émotionnelles et sociales ne pouvaient être la priorité à l'époque.[1]

Aujourd'hui, cette négligence est inacceptable, car elle crée un gâchis humain considérable. Nous manquons en effet la période de la vie de nos enfants la plus fertile, celle où les habitudes se forment, pour leur apprendre ces compétences qui leur permettraient de s'épanouir humainement et de s'engager ensuite dans la société.

La famille a bien sûr un rôle essentiel à jouer. Mais il serait trop risqué de compter uniquement sur les parents pour transmettre ces compétences (qu'ils n'ont d'ailleurs jamais apprises formellement, mais plus ou moins acquises au travers de leurs expériences). Même s'ils le font, pourquoi manquer une occasion de consolider ces compétences au cours des milliers d'heures de présence à l'école, réparties sur près de quinze ans d'éducation primaire et secondaire ? Cela paraît d'autant plus nécessaire que le message d'ensemble diffusé par le système éducatif semble plutôt encourager un effort individualiste et exclusivement rationnel : tous les enfants comprennent rapidement que pour réussir à l'école, il faut avant tout mémoriser et raisonner correctement, et travailler individuellement de façon efficace.

Il est nécessaire que les plus hautes autorités du champ éducatif s'engagent pour que chaque enfant dans chaque pays ait la chance d'acquérir ces compétences émotionnelles et sociales au cours de son parcours à l'école. Cela serait leur faire un superbe cadeau. Cela serait aussi un cadeau pour nos sociétés !

1. *Clémenceau,* Michel Winock, Perrin, 2011 et *Léon Gambetta. La Patrie et la République,* Jean-Marie Mayeur, Fayard, 2008.

CONCLUSION

La méditation est l'une des pierres du pont entre sagesse et business. Au fil de leur pratique, certains décideurs choisissent d'apporter une contribution plus grande à la société et inspirent d'autres à les suivre. Mais, une fois cette décision prise, il reste un long chemin à parcourir. Trouver les modalités concrètes d'intervention – souvent une autre façon de conduire son business – demande de la créativité, un effort collectif, et des idées nouvelles tirées d'expériences menées ailleurs.

C'est pourquoi il est important de faire une veille sur les idées les plus innovantes et de les partager avec d'autres décideurs. De mon côté, je concentre cette veille sur les enjeux qui me paraissent les plus urgents : l'élimination de la pauvreté extrême, à mener en parallèle avec le rétablissement des équilibres écologiques menacés.

Je propose deux fois par mois un résumé d'ouvrages inspirants sur ces thèmes que vous pouvez recevoir – ainsi qu'un ou deux billets mensuels de réflexions sur ces sujets – en vous inscrivant sur *www.sebastienhenry.com/blog*. Vous trouverez ci-dessous une sélection des livres déjà résumés. La majorité ne sont pas encore traduits en français, mais les résumés sont disponibles à la fois en anglais et en français.

N'hésitez pas non plus à m'écrire pour toute suggestion ou commentaire sur le contenu de ce livre : shenry@sebastienhenry.com. La construction d'un pont entre sagesse et business est un travail collectif, et je ne suis qu'un des membres de l'équipe !

***

- *Nature's Fortune : How Business and Society Thrive by Investing in Nature*, M. Tercek, J. Adams
- *From Poverty to Power : How Active Citizens and Effective States Can Change the World*, D. Green
- *Force of Nature : The Unlikely Story of Wal-Mart's Green Revolution*, E. Humes
- *Out of Poverty : What Works When Traditional Approaches Fail*, P. Polak
- *Everybody's Business: The Unlikely Story of How Big Business Can Fix the World*, J. Miller, L. Parker
- *The Business Solution to Poverty: Designing Products and Services for Three Billion New Customers*, P. Polak, M. Warwick
- *The Triple Bottom Line, How Today's Best Run Companies Are Achieving Economic, Social and Environmental Success and How You Can Too*, A. Savitz, K. Weber
- *Cradle to Cradle : Rethinking the Way We Make Things*, M. Braungart, B. Mc Donough
- *Confessions of a Radical Industrialist*, R. Anderson (PDG d'Interface)
- Vision 2050, par le World Business Council for Sustainable Development
- *Natural Capitalism : The Next Industrial Revolution*, P. Hawken, A. Lovins, L. H. Lovins
- *The Necessary Revolution : How Individuals and Organizations Are Working Together to Create a Sustainable World*, P. Senge
- *Dead Aid. Why Aid Is Not Working and How There Is a Better Way for Africa*, D. Moyo

- *Eco-Business : A Big-Brand Takeover of Sustainability*, P. Dauvergne, J. Lister
- *The Power of Unreasonable People*, John Elkington, P. Hartigan
- *The End of Poverty : How We Can Make it Happen in Our Lifetime*, J. Sachs
- *World on the Edge : How to Prevent Environmental and Economic Collapse*, L. Brown
- *Enough : Why the World's Poorest Starve in an Age of Plenty*, R. Thurow, S. Kilma
- *Destruction massive*, J. Ziegler
- *The Blue Sweater : Bridging the Gap Between Rich and Poor in an Interconnected World*, J. Novogratz
- *The Challenge for Africa*, W. Maathai
- *Thriving Beyond Sustainability : Pathways to a Resilient Society*, A. Edward
- *The Responsible Company*, Y. Chouinard, V. Stanley
- *The Naturel Step Story : Seeding a Quiet Revolution*, K. H. Robert
- *The Atlas of World Hunger*, Thomas Bassett, A. Winter-Nelson
- *Prosperity Without Growth : Economics for a Finite Planet*, T. Jackson
- *Full Planet, Empty Plates : The New Geopolitics of Food Scarcity*, L. Brown
- *The Green Collar Economy : How Can One Solution Fix our Two Biggest Problems*, V. Jones
- *Sowing Seeds in the Desert, Natural Farming, Global Restoration, and Ultimate Food Security*, M. Fukuoka

- *The Upcycle : Beyond Sustainability – Designing for Abundance*, W. McDonough, M. Braungart
- *Values-Driven Business : How to Change the World, Make Money, and Have Fun*, B. Cohen, M. Warwick
- *Earth, Inc. : Using Nature's Rules to Build Sustainable Profits*, G. Unruh
- *Reclaiming Food Security*, M. Carolan

Annexe 1

ASPECTS MÉTHODOLOGIQUES DES RECHERCHES SCIENTIFIQUES SUR LA MÉDITATION

Le nouveau champ de recherche que sont les neurosciences contemplatives fait l'objet d'un enthousiasme, et beaucoup reste à découvrir. En même temps, les études scientifiques de la méditation font face à des questions méthodologiques spécifiques. Voici quelques exemples des questions et sources de variabilité entre les différentes études :

- Des études s'intéressent aux changements *pendant* la méditation (changements d'état), alors que d'autres études s'intéressent aux changements à long terme (changements de traits).
- La durée et l'intensité de l'entraînement à la méditation varie considérablement, de 8 minutes jusqu'à 8 semaines ou même jusqu'à des milliers d'heures (méditateurs chevronnés).
- Le type de méditation varie également. Il y a beaucoup de traditions différentes, et même au sein d'une tradition particulière, il peut y avoir plusieurs types de méditation. Par exemple, les chercheurs distinguent la méditation focalisée sur un objet, la méditation ouverte sans objet spécifique (notant ce qui se présente à la conscience sans y réagir), et la méditation de compassion ou d'amour bienveillant. Chacun de ces styles de méditation affecte des régions différentes du cerveau.

- Certaines études comparent deux groupes de sujets (méditateurs et non-méditateurs) à un moment donné (études *cross-sectionnelles*) alors que d'autres étudient les mêmes sujets avant et après un entraînement à la méditation (études longitudinales). Ces études sont complémentaires. Par exemple, certaines études *cross-sectionnelles* montrent des différences dans le cerveau entre méditateurs expérimentés et non-méditateurs, mais ne prouvent pas que ces différences sont dues à la pratique de la méditation elle-même. Peut-être ces méditateurs ont-ils un cerveau différent qui les prédispose à la méditation. Des études longitudinales permettent de lever ces ambiguïtés.
- Une question importante dans ces études est de déterminer ce qu'est un groupe contrôle approprié. Les chercheurs comparent généralement un groupe de méditateurs avec un groupe de non-méditateurs (groupe contrôle). Le choix de ce groupe contrôle est crucial pour distinguer les effets spécifiquement dus à la méditation et les effets non spécifiques. Par exemple, certains effets de l'entraînement à la méditation ne sont peut-être pas dus à la méditation proprement dite, et des effets similaires pourraient être observés si les mêmes sujets participaient à une formation à l'intelligence émotionnelle ou à des séances de relaxation, ou bien pratiquaient une activité physique au lieu de pratiquer la méditation. L'utilisation de groupes contrôles actifs, plutôt que des groupes contrôles sans aucune activité particulière, devrait permettre aux chercheurs d'identifier les effets spécifiques de la méditation.

Toutes ces questions et débats sont tout à fait normaux pour un champ de recherche aussi nouveau que la recherche sur le cerveau et la méditation. Les chercheurs améliorent progressivement leurs études pour y répondre.

Annexe 2

RENCONTRES AVEC 60 DÉCIDEURS QUI MÉDITENT

L'intention en rencontrant soixante décideurs aux profils très différents (niveau de responsabilité, taille d'entreprise, nationalité, croyance religieuse) a été d'explorer leur parcours intérieur à partir du moment où ils ont envisagé de commencer à pratiquer la méditation. En particulier, l'accent fut mis sur l'influence de leur pratique sur leur rôle de décideur et leur style de leadership.

Soixante décideurs n'est pas un chiffre élevé, mais tout de même suffisant pour créer un problème : comment éviter de faire tomber sur le sol certains des trésors ramassés lors des entretiens ? Comment présenter ces témoignages sans en perdre la richesse ?

Puisqu'il faut faire des choix, seuls les principaux enseignements de leur parcours ont été utilisés. Afin d'avoir tout de même une idée de la variété des décideurs rencontrés, une sélection de profils vous sont ici présentés (un peu moins de la moitié). Il s'agit de ceux qui sont cités dans le livre. À quelques exceptions près, mentionnées par une astérisque, leur nom ainsi que celui de leur organisation ont été modifiés à leur demande. Les noms sont classés par ordre alphabétique.

Tous les décideurs interrogés méditent régulièrement, et en grande majorité depuis plus d'un an.

***

Benoît, 42 ans, français, a décidé de mettre fin à sa carrière de cadre salarié pour reprendre une entreprise. Depuis six ans, il dirige une PME du secteur industriel, qui compte une centaine d'employés.

Charles, 50 ans, américain, est directeur juridique adjoint au sein d'une des plus grandes enseignes américaines de distribution.

Daniel, 54 ans, américain, a créé sa propre entreprise (dans la distribution de produits alimentaires) après avoir occupé les postes de vice-président en ventes et marketing dans plusieurs multinationales américaines (FMCG).

Emiko, 39 ans, japonaise, est une entrepreneuse qui a créé, avec son mari, une PME dans le secteur des produits de beauté, présente à Paris et à Tokyo.

François, 50 ans, français, était cadre pour une marque de produits de sport (responsable du bureau d'études), avant de rejoindre une autre entreprise dans le même secteur, plus petite mais dont les valeurs lui correspondent mieux.

George, 48 ans, est un entrepreneur chinois qui est engagé dans plusieurs sociétés (immobilier, conseil) après avoir occupé un poste de cadre supérieur au sein d'une des principales sociétés d'assurance chinoises.

Hector*, 40 ans, est un entrepreneur anglais d'origine mexicaine, qui a créé sa propre société (Stillnessbuddy.com), après une carrière de vente dans le domaine de l'*outsourcing*.

Irene, 44 ans, anglaise, est directrice des ventes et du marketing pour la Grande Chine au sein d'une compagnie aérienne de premier plan.

John, 53 ans, basé à Bruxelles, est un homme d'affaires qui a construit sa carrière dans l'immobilier de prestige.

Kiersten, 47 ans, danoise, est PDG d'une PME (environ 100 employés) dans l'agro-alimentaire.

Laurent, 41 ans, français, est cadre dirigeant (membre du Comex) d'un groupe français de 20 000 collaborateurs, spécialisé dans les produits technologiques.

Mabel, 40 ans, chinoise, est directrice générale des opérations en Chine au sein d'une multinationale américaine qui figure dans la liste des Global 500 (produits technologiques).

Nobuyuki, 45 ans, japonais, est un cadre supérieur au sein du département des ressources humaines dans une multinationale japonaise (produits électroniques).

Osamu, 55 ans, japonais, est le propriétaire d'une PME familiale (80 employés environ) dans le secteur de l'imprimerie.

Peter, 42 ans, cadre dirigeant allemand, a dirigé pendant six ans les opérations en Asie d'une grande marque de produits de sport. Il vient de créer une société de consulting spécialisée dans la promotion du bonheur dans les organisations.

Quentin, 36 ans, français, est le copropriétaire (avec deux associés) d'une PME dans le secteur du bâtiment, entreprise qu'il a fondée après une première partie de carrière dans un grand cabinet de conseil.

Ryuichi, 44 ans, japonais, est PDG d'une société dans le secteur immobilier.

Shigeru, 48 ans, japonais, ancien PDG d'une société dans le secteur de l'immobilier, a démissionné à la suite du tremblement de terre de 2011 pour créer une société de conseil et de formation, dont la mission est de promouvoir la pratique du zen dans les entreprises japonaises.

Tristan*, 40 ans, français, est un entrepreneur social qui a été un des pionniers du commerce équitable en France. En 2013, il a été élu Entrepreneur Social de l'Année par la Fondation Schwab. Il est l'auteur de *Comment je suis devenu plus humain*.

Ulrike, 44 ans, danoise, est directrice de la communication dans une entreprise du secteur de la grande distribution.

Valérie est une jeune entrepreneuse française de 30 ans qui a cofondé une entreprise dans l'import-export et la distribution.

Walter, 48 ans, anglais, est cadre dans une banque européenne où il a pris l'initiative de monter les activités de micro-finance.

Xandra, 45 ans, hollandaise, est cadre supérieur (directrice de la communication), rattachée directement au patron pour l'Europe d'une société financière de premier plan.

Yann, 38 ans, français, est directeur commercial dans une entreprise de services informatiques.

Zhen, 52 ans, chinoise, est une cadre dirigeante, médecin de formation, qui après une longue carrière en entreprise (société pharmaceutique, puis création de sa propre clinique) vient de commencer une activité de coach.

BIBLIOGRAPHIE COMMENTÉE

Aucun livre ne remplace la pratique, mais certains peuvent donner une impulsion décisive ou enrichir l'expérience. En voici une sélection qui forme des pierres solides pour construire un pont entre sagesse et business.

MÉTHODES D'INITIATION À LA MÉDITATION (AVEC CD)

***Méditations guidées : programme MBSR - La réduction du stress basée sur la pleine conscience*, Jon Kabat Zin**

Jon Kabat-Zinn est professeur à la Faculté de Médecine de l'Université du Massachusetts, où il a fondé et dirigé la Clinique de Réduction du Stress, puis le Center for Mindfulness in Medecine, Health Care and Society. Il est un des pionniers de l'approche scientifique et laïque de la méditation et a conçu le programme Mindfulness-Based Stress Reduction (MBSR), qui est maintenant proposé dans de nombreux pays, dont la France. Ce livre propose des méditations guidées qui sont utiles aussi bien à ceux qui visent à réduire leur niveau de stress qu'à toute personne intéressée par la pratique de la méditation.

***La Pratique de la méditation*, Fabrice Midal**

L'auteur, philosophe, fondateur de l'École Occidentale de Méditation, propose une approche de la méditation exigeante et authentique, qui nous relie à notre héritage culturel occidental, tout en prenant en compte les sources orientales (son enseignement se situe dans la lignée du maître tibétain Chogyam Trungpa, mais est présenté de façon laïque). Son propos se situe loin du monde de l'entreprise, mais permet justement de prendre de la hauteur et de trouver du souffle. Deux autres de ses livres, *Risquer la liberté* et *La Voie du chevalier : dépassement de soi, spiritualité, et action*, sont passionnants pour quiconque a le goût de l'action.

***L'art de la méditation : pourquoi méditer ? Sur quoi ? Comment ?*, Matthieu Ricard**

Un ouvrage très pratique d'initiation à la méditation, qui la présente dans un cadre bouddhiste (l'auteur est moine bouddhiste, dans la tradition tibétaine) mais accessible à tous. Même si vous ne partagez pas la vision bouddhiste du monde, vous devriez apprécier cet ouvrage. Une de ses richesses, en comparaison avec une approche entièrement laïque (voir le prochain livre), est de présenter des formes de méditation particulièrement prisées dans la tradition tibétaine, comme la méditation sur la compassion. M. Ricard est aussi l'auteur de nombreux autres ouvrages, dont *Plaidoyer pour l'altruisme*.

***Méditer jour après jour : 25 leçons pour vivre en pleine conscience*, Christophe André**

Christophe André est psychiatre, en poste à l'hôpital St Anne à Paris, et auteur de nombreux autres livres qui ont connu un grand succès, comme *L'Estime de soi*. Il pratique lui-même la méditation et l'intègre dans sa pratique professionnelle. Dans ce livre accompagné d'un CD, il offre une introduction concrète et inspirante de la méditation. Chaque chapitre s'appuie sur un tableau (Watteau, De La Tour, Signac, Caillebotte, etc.) qui est expliqué et permet à la fois d'illustrer et d'approfondir le texte, ce qui donne beaucoup de souffle au livre.

UN NOUVEAU REGARD SUR LE LEADERSHIP

***Authentic Leadership*, Bill George (pas de traduction française)**

Bill George a été PDG de Medtronics pendant plus de dix ans, avec des résultats spectaculaires. Il est maintenant professeur de leadership à la Harvard Business School. Grâce à ses résultats et à sa pratique de la méditation depuis plus de trente ans, il est un des dirigeants les plus crédibles sur la question du lien entre méditation et leadership. Ce livre ne couvre pas véritablement ce sujet, mais expose les principes d'un leadership que B. George qualifie d'« authentique », identifiés au cours de sa carrière. Ce livre concret, illustré de nombreux exemples, peut se lire comme une conversation avec un mentor.

***Conscious Capitalism*, John Mackey et Raj Sisodia (pas de traduction française)**

John Mackey est le fondateur et PDG de Whole Foods Market, un acteur essentiel de la grande distribution de produits bios aux États-Unis, avec un chiffre d'affaires de 12 milliards de dollars, et 350 magasins. Comme Bill George, Mackey pratique la méditation depuis de nombreuses années et est convaincu que cette pratique l'a aidé dans sa mission. Dans ce livre, il appelle à l'émergence de décideurs conscients (*conscious leaders*), définis comme des décideurs qui prennent leur développement émotionnel et spirituel au sérieux, et se sentent au service de la mission de leur organisation, de tous ses *stakeholders*, ainsi que des générations futures. Un livre inspirant, concret, écrit par un entrepreneur de talent, qui a débuté son aventure avec un seul magasin.

***Working with Mindfulness*, Miramai Bush (pas de traduction française)**

Un livre court constitué de transcriptions d'entretiens enregistrés avec quatre personnalités, dont Daniel Goleman (un des pionniers de l'intelligence émotionnelle) et Richard Davidson (un des principaux scientifiques spécialisés dans les recherches sur la méditation). Les quatre contributions sont toutes pertinentes, argumentées et se complètent. Celle de Richard Davidson en particulier donne une vue d'ensemble des recherches actuelles sur la méditation.

***Connectez-vous à vous-même : une nouvelle voie vers le succès, le bonheur (et la paix dans le monde)*, Chade Meng Tan**

Meng est un ingénieur de Google qui est ensuite passé à une fonction RH pour lancer un programme de formation appelé Search Inside Yourself, ouvert à tous et facultatif, visant à développer l'intelligence émotionnelle des collaborateurs de Google. La particularité de ce programme, que ce livre décrit en détail dans un esprit *open source*, est de faire une large place aux pratiques méditatives. Meng a réussi à écrire un livre à la fois pratique et profond, ancré dans des pratiques de sagesse traditionnelles, mais avec un vocabulaire très actuel et beaucoup d'humour.

***Leadership and the Art of Struggle. How Great Leaders Grow through Challenge and Adversity*, Steven Snyder, 2013 (pas de traduction française)**

Steven Snyder a commencé sa carrière comme cadre supérieur chez Microsoft, puis est devenu psychologue et coach. Il pratique également la méditation. Dans ce livre, qui est basé sur des entretiens avec une centaine de managers, il étudie les périodes de crise que doivent inévitablement affronter les décideurs. Elles ne doivent pas selon lui être taboues mais être au contraire approchées avec transparence afin de les rendre les plus riches possibles. Apprendre à s'ancrer (*grounding oneself*), notamment grâce à des pratiques méditatives, constitue une première étape nécessaire dans cet « art de la lutte ».

***Exercices spirituels et philosophie antique*, Pierre Hadot**

Un superbe livre pour comprendre que la méditation et les pratiques de sagesse en général, ont aussi des racines dans notre héritage culturel européen. Pierre Hadot est un spécialiste des philosophes de l'Antiquité (grecs et romains), il sait transmettre cet héritage de façon accessible et passionnante. Lire ce livre donne la sensation d'être en conversation intime avec les stoïciens, les épicuriens et les platoniciens. P. Hadot est aussi l'auteur de *La Citadelle intérieure : les méditations de Marc-Aurèle*, sur cet empereur romain pour qui l'apprentissage de la sagesse était si important (voir ci-dessous).

***Méditations pour moi-même*, Marc-Aurèle**

Un livre écrit par un dirigeant de très haut niveau qui cherchait la sagesse au quotidien. Marc-Aurèle était empereur romain et avait donc une expérience directe des responsabilités les plus lourdes. Formé très jeune au stoïcisme, il maintenait pendant l'exercice de ses fonctions une discipline pour progresser dans sa quête de sagesse. *Méditations pour moi-même* est un court recueil de réflexions qui pose des questions essentielles. C'est aussi un témoignage passionnant pour les décideurs d'aujourd'hui.

***Méditer pour agir. Comment développer confiance en soi, équilibre, efficacité* (titre original : *How to Meditate, A Guide to Self-Discovery*), Lawrence LeShan**

Ce petit joyau méconnu n'est pas un manuel de méditation, contrairement à ce que le titre anglais semble indiquer, mais il offre de nombreuses informations utiles sur la méditation, y compris sur certains pièges qui attendent les pratiquants. Il a été écrit au début des années soixante-dix, bien avant l'intérêt pour la *mindfulness*, et propose donc un angle très différent de celui adopté par les livres récents. Les développements sur les diverses formes de méditations, laïques ou religieuses, dont certaines sont négligées aujourd'hui sont particulièrement intéressants.

***Contemplation Nation. How Ancient Practices Are Changing the Way We Live*, sous la direction de Mirabai Bush (pas de traduction française)**

Un ouvrage collectif composé d'une vingtaine d'articles qui donnent une vue d'ensemble de la diffusion rapide des pratiques contemplatives dans différents champs : entreprises, écoles, universités ou institutions de santé. La plupart des contributions sont centrées sur les États-Unis mais l'ensemble des initiatives présentées donne beaucoup d'idées sur ce qui pourrait être appliqué dans d'autres pays. À noter, pour ceux qui sont intéressés par une perspective religieuse, que certains articles sont écrits par des représentants des principales religions instituées et viennent compléter le témoignage des auteurs qui prônent une approche laïque.

***Finding the Space to Lead*, Janice Marturano (pas de traduction française)**

J. Marturano était cadre (*Vice General Counsel*) chez General Mills lorsqu'elle a découvert la méditation, lors d'une retraite avec J. Kabat-Zinn. Elle a ensuite convaincu un bon nombre de ses collègues d'en faire à leur tour l'expérience, puis a monté des programmes de formation incorporant la méditation au sein de General Mills, avant de créer le Center for Mindful Leadership. En 2013, elle a été la première personne invitée à animer une session sur leadership et *mindfulness* au World Economic Forum à Davos. Son expérience auprès de nombreux décideurs en entreprise lui a permis d'intégrer beaucoup de témoignages au livre.

***Work*, Thich Naht Hanh (pas de traduction française)**

Thich Nhat Han est un des maîtres bouddhistes (tradition zen vietnamienne) les plus respectés en Occident. Ses livres sont toujours accessibles, même aux lecteurs qui ne partagent pas les croyances bouddhistes. Ils ont le pouvoir de toucher en combinant un grand sens du concret avec une vraie profondeur. Ce livre en particulier montre les innombrables occasions de pratiquer l'attention à l'instant présent et de faire jaillir des moments de joie dans un environnement de travail. Pour une lecture en français, *Le Miracle de la pleine conscience - Manuel pratique de méditation* est un livre tout aussi inspirant.

***Presence. An exploration of profound change in people, Organizations and Society*, Peter Senge, Otto Scharmer, Joseph Jaworski et Betty Sue Flowers (pas de traduction française)**

Deux des auteurs, Peter Senge et Otto Scharmer, sont professeurs au MIT. Senge est l'auteur du best-seller *La 5e discipline*, spécialiste mondialement reconnu des organisations apprenantes (*learning organizations*). Otto Scharmer est l'auteur de *Theory-U* (voir ci-dessous). Dans ce livre qui se lit comme une conversation à quatre voix, les auteurs invitent à porter un nouveau regard sur les conditions à créer pour que les organisations réussissent à changer en profondeur. Un travail collectif de présence est nécessaire, fait de silence et d'écoute profonde de « ce qui cherche à émerger ». Ce livre reste concret en s'appuyant sur de nombreux exemples.

***Théorie-U : diriger à partir du futur émergent*, Otto Scharmer**

Dans ce livre, Otto Scharmer, professeur au MIT, propose une description détaillée de la méthodologie pour laquelle il commence à être connu mondialement. Malgré son appellation qui peut être jugée peu attractive, la Théorie-U représente une avancée significative dans l'approche du travail collectif, en intégrant une dimension spirituelle, laïque et accessible, dans le processus d'innovation et de changement au sein des organisations. Bien que la méthodologie demande une formation spécifique pour être utilisée efficacement, et que le livre soit dense et exige un certain effort, Scharmer apporte un tel souffle que la connaissance de son travail est indispensable à ceux qui veulent construire un pont entre sagesse et business.

***A Mindful Nation : How a Simple Practice Can Help Us Reduce Stress, Improve Performance, and Recapture the American Spirit*, Tim Ryan (pas de traduction française)**

Tim Ryan est un député (*Congressman*) américain qui a découvert la pratique de la *mindfulness* lors d'une retraite avec J. Kabat-Zinn et a depuis engagé des recherches approfondies sur la valeur qu'elle peut apporter dans les institutions de santé, dans les écoles et dans l'armée. Il recommande dans ce livre, avec passion mais mesure et objectivité, la mise en place de programmes de *mindfulness* entièrement laïcs dans ces diverses institutions, au motif qu'ils sont plus efficaces et moins coûteux que beaucoup d'autres interventions. Bien que le travail de Ryan soit effectué dans un contexte américain, il est tout aussi inspirant pour la société française.

***Z.B.A.: The Zen Of Business Administration - How Zen Practice Can Transform Your Work And Your Life*, Marc Lesser (pas de traduction française)**

L'auteur est un entrepreneur au profil inhabituel : il a été moine bouddhiste et responsable d'un centre bouddhiste pendant plusieurs années avant de créer son entreprise, qui fabrique et commercialise des cartes de vœux et autres documents imprimés. Son expérience est intéressante car, pour lui, sa vie d'entrepreneur n'est pas fondamentalement différente de sa vie précédente : chaque jour reste une occasion de pratiquer l'attention au moment présent et de cultiver la joie et la sérénité au cœur de l'action. C'est un livre très pratique, un témoignage concret qui se lit comme une conversation avec un ami.

***Se changer, changer le monde*, Christophe André, Jon Kabat-Zinn, Pierre Rabhi et Matthieu Ricard**

C'est un livre à quatre voix, quatre voix puissantes qui apportent toutes un éclairage différent sur la nécessité de se changer soi-même pour changer le monde. Trois des auteurs sont déjà mentionnés dans cette bibliographie (C. André, M. Ricard et J. Kabat-Zinn), le quatrième étant Pierre Rahbi, paysan et philosophe, auteur notamment de *La Sobriété heureuse*. Chacun des auteurs propose un texte court et chargé de souffle, qui n'est pas particulièrement destiné aux décideurs, mais qui ne manquera pas de les inspirer.

***À la recherche du Soi*, Arnaud Desjardins**

A. Desjardins est un maître spirituel, décédé en 2011, qui a consacré sa vie à l'étude puis à la transmission de la sagesse. Mais c'est aussi un homme d'action. Dans ce livre en quatre volumes, il propose un enseignement concret et profond qui s'appuie sur celui de son maître. Bien que cet enseignement s'ancre dans la tradition hindoue, l'auteur sait rendre ce livre accessible à tous. Quatre volumes représentent un investissement en temps, mais c'est un ouvrage fondamental si vous cherchez à concilier sagesse et action. Les développements sur la pratique de l'acceptation, en particulier, sont précieux.

***Le Livre du Tao*, Lao Zi (traduction recommandée : *La Voie et sa vertu Tao-tê-king*, François Houang et Pierre Leyris)**

Que peut-on apprendre en tant que décideur d'un homme dont la vie est très peu connue et qui a disparu dans les montagnes de Chine il y a plus de 2000 ans après avoir légué ce court texte à ses disciples ? Ce texte d'une grande puissance, parfois énigmatique, peut vous apporter une bonne dose d'inspiration, notamment sur l'art « d'agir sans agir, en ne laissant rien d'inachevé ». La doctrine taoïste de la non-action, garante de la plus grande liberté intérieure, est certainement un des enseignements spirituels les plus dérangeants et les plus stimulants pour un décideur. Vous ne trouverez pas dans ce livre des clefs d'action mais un grand souffle que vous pourrez utiliser pour progresser dans la qualité que vous donnez à votre action.

BIBLIOGRAPHIE

ANDERSON, RAY, *Confessions of a Radical Industrialist: How Interface proved that you can build a successful business without destroying the planet*, Blackstone, 2009

ANDRÉ, CHRISTOPHE, *Méditer jour après jour. 25 leçons pour vivre en pleine conscience*, L'Iconoclaste, 2011

ANDRÉ, CHRISTOPHE, Kabat-Zinn, John, Rahbi, Pierre, Ricard, Matthieu, *Se changer, changer le monde*, L'Iconoclaste, 2013

BARTHÉLÉMY, AMANDINE, Keller, Sophie, Slitine, Romain, *L'Économie qu'on aime. Relocalisations, création d'emplois, croissance*, Rue de L'Échiquier, 2013

BEGLEY, SHARON, *Train Your Mind, Change Your Brain: How a New Science Reveals Our Extraordinary Potential to Transform Ourselves*, Ballantine Books, 2007

BENNIS, WARREN, *On becoming a Leader*, Basic Books, 2009

BENTOUNES, CHEIKH KHALED, *Soufisme, coeur de l'islam*, La Table Ronde, 1996

BETTIGNIES, HENRI-CLAUDE DE, THOMPSON, MIKE (dir.), *Leadership, Spirituality and the Common Good: East and West Approaches*, Garant Uitgevers, 2010

BETTIGNIES, HENRI-CLAUDE DE, LÉPINEUX, FRANÇOIS (dir.), *Finance for a Better World: The Shift Toward Sustainability*, Palgrave McMillan, 2009

BONIWELL, ILONA, *Introduction à la psychologie positive*, Payot, 2012

BONO, EDWARD DE, *La Boîte à outils de la créativité*, Eyrolles, 2013

BORELLO, JEAN-MARC, BOTTOLLIER-DEPOIS, FRANÇOIS, HAZARD, NICOLAS, *L'Entreprise du XXIe siècle sera sociale (ou ne sera pas)*, Rue de l'Échiquier, 2012

BOYATZIS, RICHARD, MCKEE, ANNIE, *The New Leaders: Transforming the Art of Leadership*, de Sphere, 2012

BOYATZIS, RICHARD, MCKEE, ANNIE, *Resonant Leadership: Renewing Yourself and Connecting with Others Through Mindfulness, Hope and Compassion*, Harvard Business School Press, 2005

BOYATZIS, RICHARD, MCKEE, ANNIE, JOHNSTON, FRANCES, *Développez votre charisme avec l'intelligence émotionnelle : cahier d'entraînement pour être une personne résonnante*, ESF, 2011

BOYCE, BARRY (DIR.), *The Mindfulness Revolution: Leading Psychologists, Scientists, Artists, and Meditation Teachers on the Power of Mindfulness in Daily Life*, Shambala Editions, 2011

BRAITENBERG, ELEONORE, *L'Enseignement de Ramana Maharshi*, Albin Michel, 2005

BRAUNGART, MICHAEL, MCDONOUGH, WILLIAM, *Cradle to Cradle : créer et recycler à l'infini*, Alternatives, 2011

BRAUNGART, MICHAEL, MCDONOUGH, WILLIAM, *The Upcycle : Beyond Sustainability – Designing for Abundance*, North Point Press, 2013

BROWN, LESTER, Full Planet, *Empty Plates – The New Geopolitics of Food Scarcity*, W. W. Norton & Co, 2012

BROWN, LESTER, *World on the Edge: How to Prevent Environmental and Economic Collapse*, W. W. Norton & Company, 2009

BUSH, MIRAMAI (DIR.), *Contemplation Nation. How Ancient Practices are Changing the Way We Live*, Fetzer Institute, 2011

BUSH, MIRAMAI, *Working with Mindfulness – Research and Practice of Mindful Techniques in Organizations*, More Than Sound, 2013

CHASKALSON, MICHAEL, *Méditer au travail pour concilier sérénité et efficacité*, Les Arènes, 2013

CHAVET, THIERRY, *La Pleine Conscience pour travailler en se faisant du bien*, Eyrolles, 2012

CHOUINARD, YVON, *Homme d'affaires malgré moi : confessions d'un alter-entrepreneur*, Vuibert, 2006

CHOUINARD, YVON, Stanley, Vincent, *Un business responsable. Les leçons tirées des 40 ans d'expérience de Patagonia*, Vuibert, 2013

COHEN, BEN, WARWICK, MAL, *Values-Driven Business: How to Change the World, Make Money, and Have Fun*, Berrett-Koehler, 2006

COLLINS, JIM, *De la performance à l'excellence: devenir une entreprise leader*, Village Mondial, 2013

COLLOQUE DE LA SAINTE-BAUME, *Méditer et agir*, Albin Michel, 1993

CONANT, DOUGLAS, NORGAARD, METTE, *TouchPoints: Creating Powerful Leadership Connections in the Smallest of Moments*, Jossey-Bass, 2011

CSIKSZENTMIHALYI, MIHALY, *Vivre : la psychologie du bonheur*, Pocket, 2006

DAVY, MARIE-MADELEINE, *Bernard de Clairvaux*, Albin Michel, 2001

DESJARDINS, ARNAUD, *Approches de la méditation*, La Table Ronde, 1989

DESJARDINS, ARNAUD, *À la recherche du Soi*, Pocket, 2011 (réédition)

DIETZ, ROB, O'NEILL, DAN, *Enough Is Enough: Building a Sustainable Economy in a World of Finite Resources*, Berrett-Koehler, 2013

DREW MORGEN, SHARON, *Selling with Integrity: Reinventing Sales Through Collaboration, Respect, and Serving*, Berkley books, 1999

ELKINGTON, JOHN, HARTIGAN, PAMELA, *The Power of Unreasonable People: How Social Entrepreneurs Create Markets That Change the World*, Harvard Business Review Press, 2008

FABER, EMMANUEL, *Chemins de traverse : vivre l'économie autrement*, Albin Michel, 2011

FERRY, LUC, *La Révolution de l'amour. Pour une spiritualité laïque*, Plon, 2010

FRANKL, VICTOR, *Découvrir un sens à sa vie : avec la logothérapie*, Éditions de l'homme, 2005

ERICH FROMM, *L'Art d'aimer*, Desclée de Brouwer, 1968

FUKUOKA, MASANOBU, *La Révolution d'un seul brin de paille*, Guy Tredaniel, 2005

FUKUZAWA, YUKICHI, *La Vie du vieux Fukuzawa racontée par lui-même*, Albin Michel, 2007

GABILLET, PHILIPPE, *Éloge de l'optimisme : quand les enthousiastes font bouger le monde*, Saint-Simon, 2010

GEE, JUDEE, *Intuition: Awakening Your Inner Guide*, Weiser Books, 1999

GEORGE, BILL, *Authentic Leadership: Rediscovering the Secrets to Creating Lasting Value*, Jossey-Bass, 2003

GEORGE, BILL, BAKER, DOUG, *True North Groups: A Powerful Path to Personal and Leadership Development*, Berrett-Koehler, 2011

GEORGEON, FRANÇOIS, *Abdulhamid II : Le sultan calife*, Fayard, 2003

GIFFARD, MICHEL, *Votre intuition au service du succès*, Presses du Châtelet, 2009

GIFFARD, MICHEL, *Développez votre intuition et celle de votre équipe. Connaissance du problème, Applications pratiques*, ESF, 1992

GIRAUD, GAËL, RENOUART, CÉCILE (DIR.), *Vingt propositions pour reformer le capitalisme*, Flammarion 2009, nouvelle édition 2012

GLADWELL, MALCOM, *La Force de l'intuition : prendre la bonne décision en deux secondes*, Pocket, 2007

GLADWELL, MALCOM, *Le Point de bascule : comment faire une grande différence avec de très petites choses*, Flammarion, 2012

GORDHAMER, SOREN, Wisdom 2.0, HarperOne, 2013

GREENLEAF, ROBERT, *Servant Leadership: A Journey into the Nature of Legitimate Power and Greatness*, Paulist Press International, 2002

HADOT, PIERRE, *Exercices spirituels et philosophie antique*, Albin Michel, 2002

HADOT, PIERRE, *La Citadelle Intérieure. Introduction aux Pensées de Marc Aurèle*, Fayard, 1992

HAWKEN, PAUL, *L'Écologie de marché ou L'économie quand tout le monde gagne : enquêtes et propositions*, Souffle d'Or, 1997

HSIEH, TONY, *L'Entreprise du bonheur*, Leduc.s, 2011

HUMES, EDWARD, *Force of Nature: The Unlikely Story of Wal-Mart's Green Revolution*, HarperBusiness, 2011

HURSTEL, DANIEL, *Homme, entreprises, société : restaurer la confiance*, Eyrolles, 2013

ISAACSON, WALTER, *Steve Jobs: The Exclusive Biography*, Little Brown, 2011

JAMES, WILLIAM, *Psychology: The Briefer Course*, Dover Publications, 2012

JONES, VAN, *The Green Collar Economy: How Can One Solution Fix our Two Biggest Problems*, HarperCollins, 2008

JOURDAN, MICHEL, VIGNE, JACQUES, *Marcher, méditer*, Albin Michel, 1998

JUNG, C.G, *L'Homme et ses symboles*, Robert Laffont, 1964

JUNG, C.G, *L'Homme à la découverte de son âme*, Albin Michel, 1987 (édition revue et augmentée)

KABAT-ZINN, JOHN, *Mindfulness for beginners*, Sounds True, 2012

KABAT-ZINN, *Où tu vas, tu es – Apprendre à méditer pour se libérer du stress et des tensions profondes*, J'ai Lu, 2005

KEMPF, HERVÉ, *Fin de l'Occident, naissance d'un monde*, Seuil, 2013

KING, MARTIN LUTHER, *La Force d'aimer*, Empreinte, 2013

KOCH, RICHARD, *Le Principe 80/20*, Éditions de l'homme, 2007

KORNFIELD, JACK, *Après l'extase, la lessive*, Pocket, 2010

LAO ZI, *La Voie et sa vertu : Tao-tê-king*, traduction de François Houang et Pierre Leyris, Seuil, 2004

LECOMTE, JACQUES, *La Bonté humaine. Altruisme, empathie, générosité*, Odile Jacob, 2012

LECOMTE, TRISTAN, *Comment je suis devenu plus humain*, Flammarion, 2011

LELOUP, JEAN-YVES, *La Montagne dans l'océan : Méditation et compassion dans le bouddhisme et le christianisme*, Albin Michel, 2007

LESHAN, LAWRENCE, *Méditer pour agir*, Seghers, 1976

LESSER, MARC, *ZBA: the Zen of Business Administration*, New World Library, 2010

LOEHR, JIM, SCHWARTZ, TONY, *Le Pouvoir de l'engagement total*, AdA éditions, 2005

LOVINS, AMORY, LOVINS, L. HUNTER, HAWKEN, *Natural Capitalism: Comment réconcilier économie et environnement*, Scali, 2008

LOYOLA, IGNACE DE, *Exercices spirituels* (1548), Points Sagesses, 2004

MACKEY, JOHN, SISODIA, RAJ, *Conscious Capitalism, Liberating the Heroic Spirit of Business*, Harvard Business Review Press, 2013

MANDELA, NELSON, *Un long chemin vers la liberté*, Le Livre de Poche, 1996

MANDELA, NELSON, *Conversations avec moi-même : Lettres de prison, notes et carnets intimes*, Points Seuil, 2011

MANIER, BÉNÉDICTE, *Un million de révolutions tranquilles. Comment les citoyens changent le monde*, Les Liens Qui Libèrent, 2012

MARRIOTT, J.W., *The Spirit to Serve. Marriot's way*, HarperCollins Publishers, 1997

MARTURANO, JANICE, *Finding the Space to Lead: A Practical Guide to Mindful Leadership*, Bloomsbury Publishing, 2014

MELLO, ANTHONY DE, *Appel à l'amour – Méditations sur le chemin du bonheur*, Albin Michel, 2005

MIDAL, FABRICE, *La Voie du Chevalier : Dépassement de soi, spiritualité et action*, Presses de la Renaissance, 2005

MIDAL, FABRICE, *Méditations sur l'amour bienveillant*, Audiolib, 2013

MIDAL, FABRICE, *Pratique de la méditation*, Le Livre de Poche, 2012

MIDAL, FABRICE, *Risquer la liberté : vivre dans un monde sans repères*, Seuil, 2009

MILLER, JON, PARKER, LUCY, *Everybody's Business: The Unlikely Story of How Big Business Can Fix the World*, Biteback Publishing, 2013

MORIN, EDGAR, *La Voie : pour l'avenir de l 'humanité*, Fayard, 2011

NACHMANOVITCH, STEPHEN, *Free Play: Improvisation in Art and Life*, Tarcher, 1991

NAYAR, VINCET, *Les employés d'abord, les clients ensuite : comment renverser les règles du management*, Diateino, 2011

NOVOGRATZ, JACQUELINE, *The Blue Sweater: Bridging the Gap Between Rich and Poor in an Interconnected World*, Rodale Books, 2008

OSBORN, ALEX, *Applied Imagination: Principles and Procedures of Creative Thinking*, Charles Scribner's Sons, 1953

PAVIE, XAVIER, *La Méditation philosophique : une initiation aux exercices spirituels*, Eyrolles, 2010

Pavie, Xavier, *Innovation-responsable : stratégie et levier de croissance pour les organisations*, Eyrolles, 2012

Pierce, Craig, Maciariello, Joseph, Yamawaki, Hideki (dir.), *The Drucker Difference: What the World's Greatest Management Thinker Means to Today's Business Leaders*, Mc Graw Hill, 2009

Polak, Pauk, Warwick, Mal, *The Business Solution to Poverty: Designing Products and Services for Three Billion New Customers*, Berrett-Koehler, 2013

Polak, Pauk, *Out of Poverty: What Works When Traditional Approaches Fail*, Berrett-Koehler, 2009

Prahalad, C.K., *4 milliards de nouveaux consommateurs : vaincre la pauvreté grâce au profit*, Village Mondial, 2004

Radju, Navi, Kalpa, Prasad, *From Smart to Wise: Acting and Leading with Wisdom*, Jossey-Bass, 2013

Ray, Michael, *Creativity in Business*, Main Street Books, 1988

Ricard, Matthieu, *L'Art de la méditation : Pourquoi méditer ? Sur quoi ? Comment ?*, Pocket, 2010

Ricard, Matthieu, *Plaidoyer pour l'altruisme*, NiL, 2013

Ryan, Tim, *A Mindful Nation. How a Simple Practice Can Help Us Reduce Stress, Improve Performance and Recapture the American Spirit*, Hay House, 2012

Sato, Giei, *Journal d'un apprenti moine zen*, Philippe Picquier, 2010

Savitz, Andrew, Weber, Karl, *The Triple Bottom Line, How Today's Best Run Companies Are Achieving Economic, Social and Environmental Success and How You Can Too*, Jossey-Bass, 2006

Scharmer, Otto, *Leading from the Emerging Future: From Ego-System to Eco-System Economies*, Berrett-Koehler, 2013

SCHARMER, OTTO, *Theory U: Leading from the Future as It Emerges: The Social Technology of Presencing*, Berrett-Koehler, 2009

SECRETAN, LANCE, *Inspire ! What great leaders do*, Wiley, 2004

SELIGMAN, MARTIN, *Flourish: A New Understanding of Happiness, Well-Being and How to Achieve Them*, Nicholas Brealy, 2011

SELIGMAN, MARTIN, *La Force de l'optimisme*, Pocket, 2012

SENGE, PETER, *The Necessary Revolution: How Individuals and Organizations Are Working Together to Create a Sustainable World*, Nicholas Brealey Publishing, 2010

SENGE, PETER, SCHARMER, OTTO, JAWORSKI, JOSEPH, SUE, BETTY, *Presence: Human Purpose and the Field of the Future*, Crown Business, 2005

SMEDT (MARC DE), *Techniques de méditation et pratiques d'éveil*, Albin Michel, 1983

SNYDER, STEVEN, *Leadership And The Art Of Struggle*, Berrett-Koehler, 2013

STEILER, DOMINIQUE, SADOWSKY, JOHN, ROCHE, LOÏCK, *Éloge du bien-être au travail*, PUG, 2010

SUTTON, ROBERT, *Weird Ideas That Work: How to Build a Creative Company*, Free Press, 2000

TAN, CHADE-MENG, *Connectez-vous à vous-même : une nouvelle voie vers le succès, le bonheur (et la paix dans le monde)*, Belfond, 2014

TERCEK, MARK, ADAMS, JONATHAN, *Nature's Fortune: How Business and Society Thrive by Investing in Nature*, Basic Books, 2013

THICH NHAT HANH, *Entrer dans la liberté : introduction à la formation des moines et des moniales dans la tradition bouddhiste*, Dangles, 2010

THICH NHAT HANH, *Le Miracle de la pleine conscience – Manuel pratique de méditation*, L'Espace Bleu, 1996

THICH NHAT HANH, *Present Moment, Wonderful Moment: Mindfulness Verses for Daily Living*, Parallax, 2006

THICH NHAT HANH, *The Art of Power*, HarperOne, 2007

THUROW, ROGER, KILMA, SCOTT, *Enough: Why the World's Poorest Starve in an Age of Plenty*, PublicAffairs, 2009

TOLLE, ECKHART, *Le Pouvoir du moment présent*, J'ai Lu, 2010

TRUNGPA, CHOGYAM, *L'Entraînement de l'esprit et l'apprentissage de la bienveillance*, Points Sagesses, 2008

UNRUH, GREGORY, EARTH, *Inc.: Using Nature's Rules to Build Sustainable Profits*, Harvard Business Review Press, 2010

VERDIANI, ANTONELLA, *Ces écoles qui rendent nos enfants heureux : expériences et méthodes pour éduquer à la joie*, Actes Sud, 2012

VERLINDE, JOSEPH-MARIE, *Initiation à la Lectio Divina*, Parole et Silence, 2002

VIVERET, PATRICK, *Reconsidérer la richesse*, 3e éd., Éditions de l'Aube, 2010

WHITELAW, GINNY, *The Zen Leader. 10 Ways to Go from Barely Managing to Leading Fearlessly*, Career Press, 2012

WILLARD, BOB, *The Sustainability Advantage: Seven Business Case Benefits of a Triple Bottom Line*, New Society Publishers, 2002

YUNUS, MUHAMMAD, *Vers un nouveau capitalisme*, Le Livre de Poche, 2009

ZEITZ, JOCHEN, GRÜN, ANSELM, *Le Moine et l'Entrepreneur : Dieu, l'argent et la conscience*, Parole et Silence, 2012

RÉFÉRENCES SCIENTIFIQUES

BEGLEY, SHARON, *Train Your Mind, Change Your Brain: How a New Science Reveals Our Extraordinary Potential to Transform Ourselves*, Ballantine Books, 2007.

BREFCZYNSKI-LEWIS LA et *al.*, « Neural Correlates of Attentional Expertise in Long-Term Meditation Practitioners », Proceedings of the National Academy of Sciences of the United States of America 104, 27, 11483-8 (2007).

COLZATO LS. et *al.*, « Meditate to Create : The Impact of Focused-Attention and Open-Monitoring Training on Convergent and Divergent Thinking », *Frontiers in Psychology* 3, 116 (2012)

CONDON PAUL, DESBORDES GAËLLE, MILLER WILLA B., DESTENO DAVID, « Meditation Increases Compassionate Responses to Suffering », *Psychological Science* 24, no. 10 (october 2013) : 2125-7. doi : 10.1177/0956797613485603.

DAVIDSON RJ. et *al.*, « Alterations in Brain and Immune Function Produced by Mindfulness Meditation », *Psychosomatic Medicine* 65, 4, 564-570 (2003).

DESBORDES G et *al.* « Effects of Mindful-Attention and Compassion Meditation Training on Amygdala Response to Emotional Stimuli in an Ordinary, Non-Meditative State », *Frontiers in Human Neuroscience* 6, 292 (2012).

HÖLZEL BK et *al.* « Mindfulness Practice Leads to Increases in Regional Brain Gray Matter Density », *Psychiatry Research* 191, 1, 36-43 (2011).

HÖLZEL BK et *al.*, « Stress Reduction Correlates with Structural Changes in the Amygdala », *Social Cognitive and Affective Neuroscience* 5, 11-17 (2010).

KILLINGSWORTH MA., GILBERT DT., « A Wandering Mind Is an Unhappy Mind », *Science* 330, 932 (2010).

KLIMECKI OLGA M, LEIBERG SUSANNE, LAMM CLAUS, TANIA SINGER, « Functional Neural Plasticity and Associated Changes in Positive Affect after Compassion Training », *Cerebral Cortex* 23, 1552-61 (2013).

KLIMECKI OLGA M., LEIBERG SUSANNE, RICARD MATTHIEU, SINGER TANIA, « Differential Pattern of Functional Brain Plasticity after Compassion and Empathy Training », *Social Cognitive and Affective Neuroscience* (2013) (*epub ahead of print*).

LUDERS E. et *al.*, « The Underlying Anatomical Correlates of Long-Term Meditation: Larger Hippocampal and Frontal Volumes of Gray Matter », *NeuroImage* 45, 3, 672-678 (2009).

LUTZ A. et *al.*, « Attention Regulation and Monitoring in Meditation », *Trends in Cognitive Sciences* 12, 4, 163-9 (2008a).

LUTZ A. et *al.*, « Regulation of the Neural Circuitry of Emotion by Compassion Meditation: Effects of Meditative Expertise », *PloS One* 3, 3, e1897 (2008b).

LUTZ A. et *al.* « Long-Term Meditators Self-Induce High-Amplitude Gamma Synchrony During Mental Practice », *Proceedings of the National Academy of Sciences of the United States of America* 101, 16369-16373 (2004).

MACCOON D.G. et *al.*, « The Validation of an Active Control Intervention for Mindfulness Based Stress Reduction (MBSR) », *Behaviour Research and Therapy*, 50, 3-12 (2012).

OSTAFIN BD., KASSMAN KT., « Stepping Out of History: Mindfulness Improves Insight Problem Solving », *Consciousness and Cognition* 21, 2, 1031-6 (2012).

SLAGTER HA et *al.*, « Mental Training Affects Distribution of Limited Brain Resources », *PLoS Biology* 5, 6, e138 (2007).

TANG Y-Y. et *al.*, Short-term meditation training improves attention and self-regulation. Proc. Natl. Acad. Sci. U. S. A. 23, 104, 43, 17152-6 (2007).

WENG HELEN Y, FOX ANDREW S, SHACKMAN ALEXANDER J, STODOLA DIANE E, CALDWELL JESSICA Z K, OLSON MATTHEW C, ROGERS GREGORY M., DAVIDSON RICHARD J., « Compassion Training Alters Altruism and Neural Responses to Suffering », *Psychological Science* 24, no. 7 (July 01, 2013) : 1171-80. doi : 10.1177/0956797612469537.

70111 - (VII) - OSB 80° - DAT - SPU
Dépôt légal : avril 2014 - Suite du tirage : janvier 2018
Achevé d'imprimer par Dupli-Print
N° d'impression : 2017121907
www.dupli-print.fr

Imprimé en France